強みのない平凡な会社を、

ケタ違いの成長軌道に乗せる経営

羽鳥博樹
HATORI HIROKI

エベレスト出版

はじめに

本書は、競争優位性や差別化など他社を圧倒する「強み」がない、ごく平凡な会社を大躍進、ケタ違いの成長軌道に乗せる為の実践書です。

本書が目指すケタ違いな成長とは、一時的なものでなく、持続性と耐久力のある成長であって、今より少し成長する程度のものでなく、それまでとは別次元、ある意味奇跡のような成長を意味しています。

自社の未来のあるべき姿へ向かう坂道、それが急勾配であっても1ミリ2ミリの愚直な歩みを止めず、気が付いたら別次元の成長を遂げている。そして、別次元に成長した地点をそこに到達するまでの期間からみると「こんな短期間で、いつの間にこんなところ迄」といえる程になっている。経営の「トルクとスピード」を併せ持つ成長です。

目指した目標・頂・高みに確実に到達することを重視し、途中で諦めず、遭難もせず、自社にとって必要な時間をかけ、達成に向けてのＰＤＣＡを回し続ける、まさに「言行一致」の経営です。

ケタ違いの成長を想定するといっても机上の理論・空論ではなく、中小企業の実例がベースの実践論です。本書に登場する会社は守秘義務への配慮で仮称ですが、全て実在の中小企業（一部上場企業1社を含む）ですし、引用している社長の言葉もそのまま、ありのままです。従って本書は企業経営のドキュメンタリーといえるものです。

平凡な会社・普通の会社の事業領域は、無理な競争も大きなリスクもない穏やかな状態のように思えますが、実は最もライバルが多く、代替可能な技術・製品・サービスを提供する会社がひしめき合っているのです。常に顧客からの「スイッチの危険」にさらされ、時には理不尽と思える要求に耐え忍ばなければならない過酷な経営スタイルといえます。

圧倒的で独自な「強み」によってこの状況から一気に抜け出そうとするのは、ハードルが高すぎますしその必要はありません。もっとゆっくりでいいのです。まずは、少しの「差」、鼻の差「微差・僅差」で良いのです。それから安定的な成長速度を持続し、いつしか追い付けないほどの競争優位に立つのです。その為の考え方、具体的な手法や仕組みを実例に基づきながら解説します。

本書を読んでいただきたいのは、次のような考えをお持ちの中小企業の社長です。

●会社をもっと大きくして、儲かる会社になって、社員にたくさん給料を払ってあげたい、いろいろな経験をさせてあげたい。

●胸を張って自分の会社の名前を言えて、自慢ができて、この会社に入って「本当に良かった」と社員に言って貰える会社にしたい。

同時に、社長ご自身として、

●起業家・事業家として、自分に何が出来るのか、どこまでやれるのか人生を懸けて試したい。

と胸を熱くしている中小企業の社長です。

つまり本書は「社員想いで、野望・願望・夢多き」中小企業の社長の「言行一致」を後押しする応援の書です。

あらかじめ申し上げさせていただきますが、次のタイプの社長が読んでも参考にはなりません。

●プロセス軽視（過程はどうでもよく）、成果が絶対（結果オーライ）。

●短期的な成果・即効性・即戦力など、何より「速さ」が最優先。「そこ迄待てない」が口癖。
●手間のかかる人財育成や組織活性化には関心はなく、目に見えないものには投資しない。
このような社長には本書の考え方や手法は悠長な取り組みとしか思えないからです。

本書が最もお伝えしたいことは次の4点です。
●会社の「強み」とは何か。平凡な会社がどのようにして「強み」を創るのか。
●「強み」が創れる会社と創れない会社の違い何か。
●さらに「強み」を量産しケタ違いの成長へと押し上げる、「消費しても自動的に再生され、枯渇も燃え尽きもしない持続可能なモチベーション・エネルギー」とは何か。
●持続可能なモチベーション・エネルギーを生み出す仕組みは具体的にどうやって創るのか。

本書に登場するケタ違いに成長した会社の社長には原稿の時点で見ていただき、記述内容についての了解を得ておりますが、皆さん「うちの会社はまだまだだよ」と謙遜されていました。
しかしそのまだまだとは、「まだまだ伸びるよ、成長するよ」という意味ではないかと思います。事実各社ともに成長は今も持続しています。

いずれにしても本書がきっかけとなり、多くの中小企業がケタ違いの成長を実現されることを心から願ってやみません。

令和四年三月吉日

株式会社 自主管理経営　代表取締役　羽鳥 博樹

目次●

第1章

特に強みがない、
平凡な田舎工場の奇跡

「強み」がない、中小企業の社長の秘められた本音

本書は競争力のある「強み」を持っていない、ごく平凡な会社が急勾配とも思える高い売上・利益目標を掲げて、社員と一緒にガシガシと力強く達成して行き、夢や想いを実現していく中小企業の社長のための実務書です。

社員と一緒に夢や想いを実現していく事は、登山家がパーティを組んではるかな頂を目指すのと同じです。平坦な道をいくら歩いても決して見ることのできない景色、味わうことのできない感動をその先に求めます。

本書の最大の特徴は、**平凡な会社**すなわち、

●革新的で独自の凄い技術力はない。真似のできないビジネスモデルでもない。
●優秀な人財が揃っている訳でもない、潤沢な資金もない。
●強いてあげるとすれば、社長も社員も誠実で素直な努力家なことくらい。

そんな会社が、価格競争を強いられることなく自然体のまま、**快速**で成長するための考え方・仕組み・仕掛けを、何社もの実際の企業の事例と共に解説している点です。

私は仕事柄、中小企業の社長とお会いし、お話をさせていただく機会が多いのですが、そうした時に必ずと言っていいほど「社長、将来どんな会社にしようとお考えなのですか」と伺います。

中小企業の社長の願望・野望・夢や目標を聴くのが楽しいからです。

すると、「うちみたいな会社が将来の事を考える余裕なんかないですよ。特別なことは何もないし、ここまでやって来れたのも、運が良かっただけだから」と謙虚な言葉が返ってきます。

しかし、腹を割って話していくうちに、真っすぐな熱い視線で本音を漏らしてくれます。

「ホントはね、もっと大きくて、儲かる会社になって、社員にたくさん給料を払ってあげたいし、いろんな経験もさせてあげたい。社員が胸を張って自分の会社の名前が言えて、**この会社に入って『良かった』**と思ってもらえる会社にしたいんだよ。まあ、絵空事のような話だけどね」と。

あたかも、その情景が目の前にあって、社員の笑い声が聞こえているように話されます。

それを伺った私は「それって、絵空事なんかじゃありません。社長が決意の一歩を踏み出せばいいだけですね」とお返しします。

成長する会社と成長しない会社の分岐点

15年以上前の事ですが、成長する会社と成長しないままの会社、或いは存続できなくなる会社、その違いは何なのだろうかと疑問を持ち、その疑問を解き明かすべく、20数社の優良企業の創業（第二創業も含む）社長に直接お話を伺いに行ったことがあります。

皆さんもご存じの一部・二部上場企業の、知名度の高い社長ばかりです。

「なんだ大企業の話か、参考にはならないよ」と思われるかも知れませんが、よく考えてみてください。初めから大企業の会社はありません。数年、数十年遡れば多くの企業が中小企業ですし、お話を伺った社長のほとんどが創業者、或いは会社が小さい時に事業を引き継いだ方たちばかりです。

「社長、素晴らしい会社ですね」と切り出すと、「そんなことはないよ、運が良かっただけですよ」と謙虚な一言。続いて「ここまでになる迄、失敗の連続だったからね」と感慨深げに話してくれます。

しばらく雑談した後に、「成長する会社と成長しない会社の違い、すなわち成長の分岐点は何なのでしょう」と遠慮せずに伺いました。

テレビ番組の『ガイヤの夜明け』にも出演された著名な方たちばかりなので、「時代の流れを先読みする力、誰も思い付かないようなアイディアや閃き、真似のできない革新的な技術」などの経営戦略に関すること。或いは、社長ご自身の「強烈なトップダウンとカリスマ性、生死にかかわるような苦境の克服」などの答えを予測していました。

しかし返ってきたのは驚くほど人間臭く、シンプルで本質的な言葉でした。

■経営理念を経営の軸にして決してブレない
■社員を心から大事にする
■モノを売らずに価値を売る
■「個」を尊重し、「個」に依存しない
■仕組みで継続と徹底を確保し、進化を引き出す

私は大変な感銘を受けると同時に、何か安堵する気持ちになりました。**何を生意気なことを言うのか**とお叱りを受けるかも知れませんが、これまで私がコンサルティングで大事にしてきた考え方や「軸」にしてきたことと、お会いした方々の言葉が多くの面で合致していたからです。

大げさな言い方になりますが、お会いした方々から「お前のそのやり方でいいんじゃないか」とお墨付きをいただいたような気持ちになり、その後も心の支えにしてきました。

ちなみに前述の会社をネットで検索したところ、M&Aで社名が変わった3社以外はさらに躍進し、業界内での存在感を高めています。

中小企業の社長は、なぜ本音に蓋をするのか

■もっと大きくて、儲かる会社になって、社員にたくさん給料を払ってあげたいし、いろんな経験もさせてあげたい。社員が胸を張って、自分の会社の名前が言える、**この会社に入って「良かった」**と言ってもらえる会社にしたい。さらに、社長の本音は続きます。

■創業社長として、二代目社長としてどこまでやれるか、経営者としての自分の可能性を試したい、その為に会社を起こし或いは後を継いだのだと。

次から次へと尽きない想い・願望・野望が溢れ出るのに、誰にも言わずに密かに蓋をする。多くの中小企業の社長は、なぜ自分の本音に蓋をしてしまうのでしょうか。

恐らく、次のような事が原因となっているのではないでしょうか。

■多くの経営の本やセミナーで、自社の独自性と「強み」を活かした差別化戦略が強調され、「強み」が企業成長の必須条件となっている。それを真に受けて、そんな「強み」はうちにはない＝大きな成長は無理と決めつけてしまう。

■成功者の自叙伝、履歴書、映画やドラマを観たり読んだりする。こんなにも貧しく不遇な少年時代や青年時代を送ってきたのか。それが原動力になったと本人も言っている…これもひとつの「強み」じゃないか。自分はそんな苦労はしてないし、どちらかと言うと恵まれていたから「強み」はない＝つまりは大きな成長は無理、と言うところに着地してしまう。

■大きくしなくても、このままでもそこそこやっていける。何か新しいことをやろうとすれば少なからずリスクを伴う。だったらこのまま頑張って、大きく成功しなくてもいいから失敗しない様にしよう。社員の生活を守る責任があるから、社長としては正しい決断じゃないかと自分を納得させてしまう。

勝手な憶測で3つの原因をあげさせていただきましたが、的外れだったでしょうか。確かにそういう事ってあるよねと、少しでも心当たりがある方にお尋ねしたいのです。

会社が大きく成るのに「強み」は必須条件なのでしょうか…。この問いに対する私の見解は後で述べさせていただきます。

すぐ傍から見た、中小企業の社長の孤独

現在私は、株式会社自主管理経営と言う経営コンサルタント会社を経営しています。新卒で入った一部上場の音響機器メーカーから、中小企業を対象とした会計事務所系のコンサルティングファームに転職し、26年間勤務の後、８年前に独立・創業しました。前職勤務の26年間の内、20年間はいわゆる№2として自社の経営に携わり、経営・人事コンサルティング部門の責任者も兼任していました。

今期９期目に入った総勢13名の小さな会社ですが、みんな明るく自由に頑張っています。パート社員もテレワーク専門のスタッフもいますが「他社で倍の時給を出すと言われてもここで働きたい」と言ってくれています。恐らくお世辞だとは思いますが…。

経営コンサルタント歴34年のベテランですが、支援してきた企業数は１００社に届きません。

私の力不足だと思いますが、会社がより良い方へと変わるには大変なパワーと「その会社固有の変わるために必要な時間」があって、リストラやＭ＆Ａをテコとする大企業並み

の、劇的Ｖ字回復の様にはいかないのです。

大変な思いをして目の前の壁を超えたら、また別の壁が現れてくる。その繰り返しに気持ちが折れそうになる。それをやっとの思いで乗り越えて、売上・利益ともに順調に増収・増益を達成できた、と思った矢先に思いもよらない事態が起きる。

片時も油断できない毎日を中小企業の社長は送っていますが、社員の前で弱さは見せられないし愚痴も言えない。社員に八つ当たりなどしたら後味が悪くてたまらない。

結局社長は一人で耐えるしかない。笑顔に隠された孤独を誰も知らない。私はそういう中小企業の社長のすぐ傍にいて、泥臭く、粘り強く出来る限りのお手伝いをしてきました。なのでコンサルタント歴の長さの割には、支援企業数は少ないです。

しかし、そのお蔭で一時的なコンサルティングではできない、業績の大波小波や、息が詰まるような我慢の期間を社長と一緒に共有する経験ができました。その経験は私のコンサルティングの中にノウハウや教訓として生きています。

まるで別の会社、桁違いの50億

それはさておき、本書のタイトルでもある「強みのない、平凡な会社」をケタ違いの成長軌道に乗せる経営を、実現した最初の実例を紹介します。本書の数ページ前に書いた、優良企業の創業社長に直接お話を伺いに行った頃と前後する時期のことです。

本書を読み進めていくうちに「これって本当？」と言いたくなるような内容ですが、紛れもない事実です。当事者の私自身も驚きの連続だったのです。

ある日の事です。以前にお手伝いしたアルミ自動車部品製造業R社の総務部長Sさんから電話が入り、久方ぶりに訪問させていただくことになりました。訪問先として指定された場所は私の知っているR社の本社・工場とは違っていました。

高速道路のインターから下道で約1時間、都内から2時間の所に指定場所がありました。3000坪は超えていそうな広い敷地、新しい建物。事務所入り口のインターホンで名乗ると聞き覚えのあるSさんの「どうぞ」の声がしました。中に入るとSさんと見覚えのある大柄な体格、**元ヤン**のMさん。お二人が笑顔で迎えてくれました。（**元ヤン**とは元ヤンキーの略語で、この時期少し流行っていました。若い頃の一時期、自由気ままな行動をしてい

た人の事で、昭和の不良や、ツッパリとは意味合いが違うらしく、やや明るさもあるのでこの時の言葉のままを使います）

「羽鳥先生、大変ご無沙汰ですね。ここが第3工場です。責任者はM工場長です。今期は50億円を超えました。ここで産学官の開発テーマにも取り組んでいます」とSさんの声は誇らしげです。

Sさんは元銀行員、支店長まで経験された方で、財務管理に強い人がいないR社がメインバンクから受け入れた出向社員です。毎年いただいていた年賀状で、数年前に転籍したと知っていましたが、転籍後にお会いするのは初めてです。

それはともかく、「第3工場って何？ 確か工場は一か所のはず。あのMさんが工場長？ 元ヤンじゃなかったか、辞めていないだけで上出来なのに。さらに売上が50億円！ 10億円の壁に長い間阻まれていたはずだ。産学官の共同研究？そんな話は一度も聞いたことがなかったぞ。一体どうなっているんだ！」、心の中で感嘆符・疑問符が飛び交います。これほど驚いた訳をこれからお話しします。

「強み」のない、「弱み」だらけの田舎工場

R社に初めて訪問したのは二十数年前のことです。高速道路のインターチェンジから下道で2時間（今回の指定場所より、更に1時間奥です）。道路沿いからファミレスは姿を消す。蕎麦やうどんのお店がかろうじてある。古民家のようなジビエのお店の看板が大きい。さらに30分走れば県境、恐らく県内で一番端っこにある法人の会社のように思えました。

R社の社屋は建設現場にあるようなベージュ色のプレハブで、社長室と事務室と食堂兼応接室兼保健室の多目的な部屋がありました。その部屋は約40坪、学校の保健室にあるようなパイプの枠にカーテンが張られている間仕切りで自在にレイアウトを変えることが可能です。

社長室に通され、A社長と簡単な挨拶。恰幅がよく、黒ブチのメガネで眉毛がすごく太い、初対面ではやや威圧感を感じる風貌。自己紹介する私の声は小さく、かすれ気味になりました。

「早速ですが、工場をご案内します」と言われ、A社長の後について行きました。工場

の広さはおそらく800坪はある。天井は高く、所々に光取りがあるが全体として暗く感じる。工場の壁も設備機械も、黙々と働くオペレーターも煤けた霞の中にいるように黒い。材料のアルミニュウムを溶かす際に出る黒煙が壁に、機械に、空気に、社員にも染み込んでいる。溶けたアルミを型に撃ち込む時に巨大な機械が「ガコーン」と雄叫びをあげる。地響き、灯油が焼けたような匂い、それは過酷な職場環境でした。

季節はもう真冬なので「炉」があっても工場の中はかなり寒いのに、真夏に使う大型の扇風機が至るところに出しっぱなしになっている。油まみれのほうきが壁に下向きに立て掛けられていて、穂先がくるくると変形している。

壁に貼った「整理整頓」のプレートは、型から製品を外す時に吹きつける「離けい剤」がこびりついていて読めない。完全に牽制力を失ってから数年は経過している。手洗い場は「もっけん」という特殊な石けんのカスが堆積して不気味なピンク色になっていて、これ以上の手洗いを阻んでいるように感じる。

工場の裏側に回り、トイレの横に行くとタバコの吸い殻とコーヒーの缶が散乱していて、荒んだ風景を作り出している。「これがうちの実力ですよ」とA社長の顔が悲しそうでした。

工場から事務所に戻りながら、ここ数年の状況変化を伺いました。

「R社はもともと東京の端っこのY市にあったが、工場周辺に住宅ができて来て、こちらの方が先住者なのに『音がうるさい、臭いがする、深夜の灯り漏れが気になる』と苦情が大きくなった。そしてやむなく移転することになり、なかなか良い物件がなかったので、思いきって時間距離にして３時間半も離れたこの地に決めた。ここまでの田舎なら３K職種でも人が採れると思った」との事でした。

A社長の説明さらに続きます。「Y市から転居してまでついて来てくれた社員は三分の一の12名。残りの20人は現地採用で、ほぼ全員が兼業農家を営んでいる。建屋は潰れたプレス工場を買い取った。また、A社長は共同経営者M氏の会長就任を機に、つい最近社長になった」とのことでした。

社長室に戻ってようやく仕事の話になりました。A社長から「本格的な支援を頼む前に管理職研修をお願いしたい。月一回の土曜日、期間は半年くらい。内容はお任せしますが、管理職と言ってもお話しした通りの状況なので基礎の基礎でいいですから」という依頼でした。

正直なところ、お受けしようかどうか迷いました。私は経営コンサルタントであって、社員研修の講師ではないからです。外側から見れば同じようなものだろうと思われる方は少なくないと思いますが、両者は**似て非なる**ものなのです。しかしこれはお手並み拝見、試されている、それなら引き下がる訳にはいかないと思い、強気な顔で「承りました」とお引き受けしました。

それからすぐに帰社してスタッフに相談しました。つい最近まで有名百貨店で販売マネージャーをしていて、中小企業診断士の資格も持っている男性スタッフに意見を求め、5S、報連相、PDCA、問題解決技法をテーマに管理職研修を企画しました。

翌朝一番でFAXしましたら、すぐに「お願いします」と回答が来ました。研修スタートは3週間後ですので、のんびりしてはいられません。

波乱の管理職研修

初日と最終日を私が受け持ち、後は企画を手伝ってくれた男性スタッフと、研修講師で評判の良い女性スタッフを担当させることにしました。研修対象は主任以上の17名、会場は地元の公民館の会議室で、窓からはまるで絵画のような見事な山肌が見えました。こんな環境の良い所で暮らす人たちだから、純粋で心の綺麗な人たちなんだろうなと期待しました。

いよいよ研修初日です。会場に向う途中で高速道路の事故渋滞に遭い、余裕を持って出たはずがギリギリの到着になってしまいました。

会場には、既に17名全員が沈黙の中で待っていました。その中の若い二人がテレビで良くみる不良高校生のような格好で、テーブルに足を投げ出していました。5Sの「躾」がキモかなあと思いつつ、初回なので黙殺し淡々と私の自己紹介から始めました。

続いて参加者に、自分以外のメンバーの「他者紹介」をしてもらおうとメモ用紙を配り、知っていることを書き出すように指示しました。（職場のコミュニケーションの良否を探るのが狙い）

しかし、ベテランの職人風、いかにも一癖ありそうな方がペンを取らず、用紙を睨んだまま何も書こうとしません。「どうしたんですか、横の方のことでいいんですよ」と声を掛けたところ「字を書くなと医者から止められている」と思いがけない言葉にあ然としました。怒りで自分の顔が熱くなるのを必死で堪え「それなら口頭でいいですよ」と妥協してやり過ごしました。そんな敵対関係のような空気を挽回できないまま、お昼を挟み、グループディスカッションを交えた5時間の研修初日が終わりました。

以降の研修は、企画を手伝ってくれた有資格者の男性スタッフと、研修が得意な女性スタッフが担当なので、なんとかしてくれるだろうと期待していました。ところが二人からの報告は芳しくなく、毎回参加者が少しずつ減っているというのです。

私は心が沈んで行くのを止めることができませんでした。もしかしたら、最終日の私の担当日には、誰もいないかもしれない。参加者が一人もいない会場で、私一人がホワイトボートの前の講師席に立っている風景が一瞬見えたような気がしてぞっとしました。

そして最終日、私の担当です。参加者は17名から6名に減っていました。うなだれるように机にひじをついた態度は感心できませんが、研修最終日に参加してくれた大変有難い

6名です。「参加してくれてありがとう」と私の口から感謝の言葉が思わず出ていました。

こうなったら堅苦しい研修は無意味だ、最後くらい楽しく終わろうと腹をくくった私は、午前だけ研修の振り返りの座学にして、午後は突然思い付いた「テニス教室」に変更してしまいました。

車の中に私と家内のテニスラケットが入っていたしボールもある。幸い公民館の横にはネットが張ったままのクレーコートがありました。条件が見事な程に整っていたのです。

昼食後の約3時間のテニス教室は実に楽しかった。みんな腕まくりで黄色いボールを追いかけました。テニスの初心者は大抵の人がホームランを打ってしまいます。持っていた硬式のテニスボール数個が姿を消しました。

みんなと仲良くなれた気がしましたが、それが何になるんだと自問自答しながら、「これで私への本格的なコンサルティングの依頼はなくなったな」と覚悟しました。講義の時はあれほど反抗的で無気力感を出していたのに、初めての硬式テニスには積極的で私のことを「羽鳥コーチ」と持ち上げる、田舎の人もしたたかなものだと苦笑いでした。

社長の想いを形にしたA3用紙たった1枚の改革構想図

お約束していたので、最終日から一週間たった日の午後、管理職研修の報告にR社に伺い、A社長にお会いしました。

もしかしたら事前に、研修参加者からテニス教室の話が報告されていて「そんなことを頼んだ覚えはない」と、受領済みの研修費の返還も覚悟しなければと思いつつ、正直にありのままの研修報告をしました。

すると意外にもA社長は「そりゃぁ大変でしたね。最終日はみんな喜んだらしいね」と笑い飛ばしてくれました。器の大きさに感動して、涙が出そうになったことを良く覚えています。

その後約4時間、A社長の想いや夢、経営に対する基本的な考え方をお聴きしました。そして私のコンサル手法を交えての社内改革のアイディアを提案させていただき、ホワイトボードの表と裏両方を使って、今後の取り組みのイメージを板書しました。

一旦一息入れた後に、その場でお時間をいただきA3のプロジェクトペーパー1枚に、R社に実施するコンサルティングの内容を、「R社改革構想図」として纏めました。A社長と私との合作、力作でした。

Ａ社長は「夢が拡がるねえ」と喜んで了解してくれましたが、私は嬉しさ半分、残りの半分は、コンサルをお受けした重圧で息が苦しくなりました。今度ばかりはテニス教室のような無謀な手段は厳禁です。

「Ｒ社改革構想図」の具体化は、社長と若手社員５名で戦略会議という名称のチームを結成して実行主体とし、それを私が支援するという体制です。

Ｒ社のメンバーが、若手社員ばかりになったのには理由がありました。ベテラン社員は職人気質で新しいことは苦手、現地採用の中堅社員は兼業農家なので農繁期は田んぼの事が気がかりで仕事に身が入らない。そこで去年近隣の市にある農業高校、工業高校から採用した新卒２名、中途採用の２名の男性社員４名と、もう一名は経理部の新卒女性社員を選抜することにしました。

経理部の新卒女性社員は片道２時間かけて商業高校を通い切り、在学中に簿記二級を取ったというＲ社では圧倒的な実績の持ち主です。周囲からは「頭が良くて、根性がある」と一目置かれた存在でした。中途採用の２名の男性社員は研修に参加していた元ヤンで、まだ20代なのに数十社の会社を経験している強者でした。

Ａ社長は「これから、この人たちが会社の中心になる」と大きな構えで大任を任せたのです。

元ヤン戦略会議

戦略会議の活動開始宣言は、例の多目的ホールで行われ、参加者は戦略会議メンバーのみでした。最初に社長からのお話です。

●当社は大手の自動車メーカーなどから量産品を受注しています。いつも納期に追われ、設計変更にも振り回されています。

●この地に移転してきて、まだ3年足らず体制は固まっていません。生産工程ではおしゃか品（失敗した製品）を炉で溶かして、証拠隠滅のような真似をする社員もいます。

●納品した製品はバリ取りが不十分で毎週のように休日出勤して、送り返された製品の手直し作業が続いています。これが今の当社です。

しかし、これからは違います。私は今の状態を受け入れる気持ちにはなれません。私はR社を、『試作開発でお客様から相談されるような会社にしたい』と思っています。そんなことは無理に決まっていると思ったらそれまでです。私が初めて勤めた自動車メーカーも、もとは町工場でした。皆が中心となって意識改革して行けば会社は変わります、と穏やかな口調で力強く動機付けされました。

次に私の方で取り組みの目的と内容と手順、大まかなスケジュールを説明しました。メンバーの中には管理職研修で机に足を投げ出していた元ヤン２人も入っていましたが、神妙な顔で大人しく聴いていました。

その後、社長は席をはずしメンバーだけで戦略会議のスローガンを話し合いましたが、頭が良くて根性があると言う女性社員が中心となって意外なほど前向きな意見交換が進みました。

「会社は私たちが成長するための『場』、工場は色々な挑戦と実験ができる『向場』であり、好きな場所『好場』でもある。そんな会社にしよう」と若手らしい発想の、キラキラする言葉でスローガンが出来上がりました。

何もしない、変えたくない人たちの「無言の抵抗」

ここからR社にとって、初めてづくしの取り組みがスタートしました。「R社改革構想図」の実行・実現に向けて力強く、どんどん進めたいと若いメンバーは意欲満々です。しかし、先にお話しした通りの会社ですから滑り出しから遭難しそうになりました。今までとは違ったこと、初めての事をやろうとすれば当然ですが、いくつもの試練・障壁が行く手を阻みます。

■攻めにくい無言の抵抗

予想外に大変だったのは社内の「無言の反発」でした。はっきり分かる「有言の反発」より厄介です。有言であれば相手が気に入らない、いやだ、やりたくない、不満だと言う理由が分かるので説明ができ、誤解を解くこともできます。たとえ否定的な意見であっても一応聞いて「とりあえずやってみてください」とお願いもできますが、無言の反発は姿かたちが見えません。

「R社改革構想図」の説明会もグループ懇談会も、対象者は全員参加してくれます。問題があるかと聞くと「ないです」と言い、賛同を求めると「やりましょう」と言ってくれるのです。

しかし、日常業務に戻ると何もしてくれないのです。そして、進捗報告会では「ついつい後回しにしてしまいました。今後は気を付けます。申し訳ありません」と言う低姿勢。見事な程、攻めにくい反応で捉えどころがないのです。

■未納を出してもいいのか

時間が取れないというのには、ほとほと困りました。品質が安定していない状況でしたので、その対応に追われ「それどころではない」と言われれば返す言葉もありません。

R社は特殊な技術の特別品ではなく、他社でも容易に作れる「汎用品」を製造していたので、顧客から「おたくがダメならよそに頼むよ」とスイッチされるリスクを常に抱えていました。

現場の責任者なら、売上に直結する仕事を優先せざるを得なかったのでしょう。それを戦略会議のメンバーも十分に分かっているので辛いところです。

しかし、「R社改革構想図」は、こういう悪循環から抜け出すための取り組みです。戦略会議のメンバーは現場責任者が詰めている工場内の事務所に行って、少しでも進めてもらえるよう必死に交渉するのですが、現場責任者の「そんな余分なことしてて、未納を出してもいいのか、責任とれるのか」の強烈な一言で、誰も何も言えなくなります。

こんな時、A社長に直接「それを何とかするのが責任者だろう、しっかり協力しなさい」と言って貰えれば「鶴の一言」で状況は一変するのに、A社長は前面には出てきてはくれません。「鶴の一言」による「やらされ感」を避けたかったのです。

A社長は戦略会議のメンバーにニコニコしながら次のように話します。「同じ『やらされ感』でも、上から言われた『やらされ』と、目下の若手からお願いされて動き出す『やらされ』は全然価値が違う。後者には動き出す本人の『仕方ないなあ、かわいそうだから何とかするか』という意思が働くから、その後の動きに大きな差が出る。とにかく動き出すまでの我慢だよ」と諭します。

「本当の事になっちゃった」と女性社員がつぶやいた

継続は力なりと言う言葉がありますが、まさに名言、1年続けて2年続けて、それこそミリ単位の進捗を続けるうちに会社の様子、社員の顔つきや反応が変わってきました。いつからか、誰からかは分からないのですが、気が付いたらホントに変わっていたのです。直接的な関係があるのかどうかはわかりませんが、売上も10億の壁を超えそうです。

A社長は「本当に変わるっていうのは、こういうことだよ。いつからか、どこから変わったのかが分からないものなんだよ」と話されていましたが、若いメンバー5人の、その時の目は「言っていることが難しくて意味が分かりません」と訴えているようでした。

数値的な成果として、ロスが無くなってきたので粗利は売上以上に改善されました。こうした好転の兆しが見えた決算書を持って、総務部長のSさんが出向元の銀行に行って融資を取り付け、念願の最新マシンの購入も実現しました。

意識の変化や姿勢の変化は分かりにくく、見え難いものですが、真新しい最新マシンの導入は目に見えて分かり易い変化です。工場に設置された全長7メートルの最新マシンは、若い戦略会議のメンバーには「機動戦士ガンダム」に見えたと言います。

機動戦士ガンダムを見上げて、戦略チーム唯一の女性メンバー総務のKさんが「本当のことになっちゃった」とつぶやき、そばにいた人たちも「うん、うん」とうなずいていました。

Kさんは片道2時間かけて地元にはない商業高校に通い、在学中に日商簿記2級に合格した頑張り屋です。自分でやれることには「時間を張ってでもやり遂げる」自信があるけれど、人に頼んでお願いして、動いてもらうのは本当に難しいと漏らしていました。

個の力ではなく、組織で何かをやり遂げることの難しさ、自分ひとりでは目の前の事も進まないというもどかしさと無力感を社会に出てはじめて味わったのです。しかし、それ以上の達成感があることも同時に体験したのです。

Kさんにとって、そびえ立つ最新型の巨大なマシンが機械を超えた「希望」のような存在に思えて、つい「本当のことになっちゃった」と言葉がこぼれてしまったのでしょう。

余談ですが、彼女はその年のバレンタインデーにチョコレートをA社長にプレゼントしました。もちろんあげる方も貰う方も初めてです。それまでは怖くて近寄りがたかったA社長ですが、戦略会議を通じ、大きくやさしい人柄に触れ「怖いのは変わらないけれど、人として尊敬でき、好きになった」と真面目な顔して言っていました。

戦略会議三年目が終了した時の反省会で「最近仕事が面白いって思えるようになってきた」と元ヤンの一人が話を切り出し、次のように続けました。

「入社からずっと3時の休憩の後からは『工場の時計は壊れているのか』と思えるくらい針の進みが遅かった。担当の機械を動かしていて、結構時間が経ったよなと思って時計をみると10分しか進んでいない、ほんとに一日が長かった。だけど最近は良品率とか不稼働時間とかを、前日より良くしようと思いながら仕事をしている。だから午後があっという間に終わる」と照れくさそうに打ち明けてくれました。

するとその場にいたメンバー全員が驚いたように彼をまじまじと見つめ、一斉に吹き出したように大笑いしました。


「経験学習」という行動科学の考え方があります。人の成長の7割は経験によって形成されるというものですが、さらにその中に「一皮むける経験」があります。一つの経験が契機となって一足飛びに成長する状態を言いますが、元ヤン社員にとって、今回の活動はまさに「一皮むけた経験」になったようでした。この元ヤンこそ、後の第3工場の工場長Mさんです。

企業成長に「強み」は必須ではない

R社の色々なエピソードを思いだしつつ、第3工場訪問の場面に戻ります。以前のR社しか知らない私が、売上高50億、第3工場、産学官の共同開発に「うそっ!?」と驚いた事に、無理もないなとご理解いただけたのではないでしょうか。

それはともかく、これほど成長したR社に独自な「強み」はあったのでしょうか。R社には「強み」らしい「強み」は無かった。それどころか山積みの「弱み」に押しつぶされる寸前だったと断言します。

社内の一員のような存在として戦略会議の支援はもとより、その他のR社の経営改革を支援してきた私ですから自信を持って断言できるのです。

つまり、企業が成長するのに「強み」は必須ではなく、同時に「強み」がないことが、成長を阻む制約条件ではないと言えるのです。

さらにSさんの話によるとR社は徐々に県内でも注目されるようになり、新卒採用がやりやすくなった。しかし、その一方で既存の技術者に好条件の転職の話が舞い込んでくるようになったと言うのです。ところが「誰も辞めないのですよ」と嬉しそうです。どうしてでしょうかと伺うと「やっぱりうちの会社が好きなんでしょうね」と言うのです。

Sさんの話は続きます。「戦略会議の開始当時はA社長と羽鳥先生の言っていることはごもっともで、そんなことができれば最高だけれど、理想論の絵空事のように思えて傍観していました。ところが、若手がひたむきに取り組む姿は健気に見えて心を揺さぶられました。何よりあの手この手とアプローチを変えてくる、それが『部活』のように楽しそうで自然に乗っけられてしまった」と懐かしそうでした。

もう一人の再会者、工場長のMさんも忙しいのに、最新工場の中を案内してくれました。「壁を見てください、あれからずっとやっていますよ」と示された先にあったのは、戦略会議で最初に取り組んだ制作物でした。

現場で作っているアルミの塊の部品、それがどのメーカーの何の製品の、どこに使われているかを分かり易く「絵と文字」にまとめた模造紙です。それが何枚も綺麗に貼られていました。

例えば当社製品Xは、自動車会社H社のセダンのA車に搭載されるエンジンの、重要な部品として採用されている。そして、どんな役割・機能を発揮しているかが誰でも分かるように絵と図で表現されていました。手作り、オリジナルの解説書です。

ちらっと見ただけで、自分たちが作っているアルミの塊が単なる部品ではなく、ドライバーとその家族の命と生活を守っていることへと、想像が広がります。

それまでは「何を作っているのですか」と誰に聴いても答えてもらえませんでした。その人たちにとっては部品というアルミの塊で、失敗したら溶かせば使える、誰が失敗したかもわからない「モノ」に過ぎなかったからです。

しかし、その部品の役割を知らせて想像を膨らませると、自分の行為一つの重みが理解でき、部品は単なる「モノ」ではなくなります。

戦略会議がスタートした当時、品質管理部門が出した、再三にわたる改善依頼でも減らなかった不良が、模造紙を貼った2か月目から減っていきました。それには戦略会議のメンバーだけでなく会社全体が驚いた、最初の奇跡のような出来事だったのです。

暴挙、田舎の工場の中に大学を創る

Ｍさん、Ｓさんとの昔話は続いて「Ｒカレッジ」の話題に移りました。「Ｒカレッジ」とはＲ社内に創設された大学のことです。勿論正式な学校ではなく、規模も小さく、キャンパスもありません。

Ｒ社が当地に移転してきた頃から、Ａ社長は今まで以上に社員教育の必要性を感じていたので、社員研修機関の資料を取り寄せていました。そして、都内の研修機関や機械設備メーカーなどに社員を研修に行かせたのですが、一向に変化が見られない、兆しさえ感じられなかったようです。

研修に出した社員を社長室に呼んで「研修はどうだったね」と尋ねると、その社員は開き直ったように「うちには合いませんよ、うちは特殊ですから」と言うのです。

さらに私に依頼した研修が、最後にはテニス教室になってしまったこともあって、社員のレベルアップをどうしようかと悩んでいました。Ａ社長の「Ｒ社改革構想図」には、社員の人間的、技術的な成長を図ると書かれているだけで、具体策は戦略会議に託されました。

「試作開発でお客様から相談されるような会社」を目指すのが社長方針でしたので、社員教育、人財開発は必須と言えます。しかし、外部研修では当社の実態にピッタリ合った研修はありませんし、都内までは片道3時間は掛かります。

そこで出てきたアイディアが「それぞれの社員が得意分野を教え合えばいい、教え合いながらノウハウを磨き、水平展開すればいい」という自前の社員教育の仕組みです。

今でこそ、「企業内大学」という名称で社員教育の内製化、自前化を取り入れている事例は大企業に多く見られます。しかし、当時は「企業内大学」と言う言葉はほとんど知られていなかったのです。R社では立地的な不便さと社員の状況など多くの制約条件から、それならいっそのこと「会社の中に学校を作ろう」と大胆な話へと展開していったのです。

とにかく講師も教材も自前にこだわろうと言うことで準備がはじまりました。

カリキュラムの方針は社長と戦略会議と管理職で作り、それに基づいた具体的な内容もテキストも講師が自分で作ります。

テキスト作りは、講師を担当する社員個人の「ノウハウの見える化」のきっかけになり、完成したテキストは講習以外の現場のＯＪＴなどに役に立ちます。多少加工すれば、現場でのマニュアルにもなり、中途採用者や新人の教育ツールにもなります。まさにナレッジマネジメント、無形資産の伝承・承継の仕組みの先取りでした。

カリキュラム内容は一般論ではなく自社の日常業務、或いはそれに直結したテーマを選びます。

「作業日報の目的と正しい書き方」や、「マシンの給油と増し締めのキモ」、「マシンの自己保全」、「製品原価を悪化させる２０の重大ロス」などです。

ユニークなところでは製品のバリ取りの達人J主任の「バリ取りの神技伝授」などR社ならではのものもありました。R社の企業内大学「Rカレッジ」対して「そんなことやれるのか、時間取れるのか、意味があるのか」と誰もが心配し、否定論が横行していました。

ところが驚いた事に講師を引き受けた社員の多くが、２時間ほどの担当科目のために10倍の20時間以上の時間を自主的に費やしてくれていたのです。しかも休日の自分の時間を使って楽しそうに準備していると言うのです。中でもバリ取りの達人J主任は、研修に使う教材のオリジナル治具を作るために、産廃業者に行って自腹で材料を買ってきて、凄いのを組み立てたことが話題になりました。

田舎の平凡な工場に作られた大学、校舎は自社工場、教室は会議室・時々工場の中、学長は社長、主任講師は管理職、講師は得意分野を持つ社員、受講者・生徒も社員、テーマは実務、テキストは講師の手作り、授業は土曜日、社外の人は入学不可で実現して行きました。

A社長は「Rカレッジで何が生まれるか、どんな成果が出るかは期待していない。投資とは思っていないからね」とよく言っていました。「お金と時間を使えば何でも投資と考えるのは間違えだよ。投資であれば、回収しなくてはならないからリターンを追及する。だからRカレッジは投資だとは思っていない。あえて期待するとすれば、当社の良き企業文化になってくれればいいと思っている。良い企業文化ほど強いものはないからね」と戦略会議のメンバーと私に話してくれた時の笑顔はとても暖かく偉大でした。

平凡なR社を飛躍させたのは何か

R社のA社長は「人は自然な状態なら良い方へ向く。不自然だったり、押し付けたり、無理やりやらせてもうまくはいかない。たとえ一時的に良くなったとしても長続きしない」と言っていました。

さらにA社長の言葉を続けます。「だからね、どうやったら、楽しくやれるか、面白くなるかを考え、やりたくなるように工夫して、後の**結果は楽しみに待つ**、それが大事だと思っている。都会のY市から山に囲まれた当地に来て、地元の兼業農家の社員、高校からの新卒社員と接しているうちに、つくづくそう思うようになった。私（A社長）が学校を卒業後、長年働いたカーメーカーのH社長は、若手社員を集めては、仕事は楽しいぞ、仕事を好きになれ、と教えてくれていた。H社長もほんとに楽しそうに車作りに熱中していた。ここ何年か、そういうことを忘れていたような気がする」と、A社長の心は40年前にタイムスリップしたようでしたが、すぐに現在に戻ってさらに次のように話してくれました。

「会社経営だから、結果は大事だけれど全てではないよ。プロのスポーツ選手やオリンピックでメダルを目指すアスリートなら、どれだけ努力したとか、工夫したとかは関係なく、結果が全てと言えるかも知れない。でも会社は明日もあるし、この次もある。一回ぽっきりではなくて、連続している。だから、無理やりの結果より、どんなことを考え、どうやって、どんな壁を超えたかを大事にしなくてはいけない」と。

「R社改革構想図」に描かれていたことは特別なことではなく、多くの企業がやっていることかもしれません。しかし、大きく**違う**のは、そのことの目的をどこに置くか、何を求めるかであって、その目的の違いが、後の成果の「差」、追いつけない企業力の「差」になるのだとA社長は強調されていました。

繰り返しになりますが、R社には「強み」らしい「強み」はなかったのです。しかし、ケタ違いの成長を実現し、それは今も持続され、世界も視野に入っています。

会社ごとに経営資源や置かれている環境や条件は違いますが、ただここで申し上げたいのは、会社の成長に「強み」は必須ではなく、今現在「強み」がないことを理由に、会社の成長を諦めることはないという事です。

重要なのは、現在の「強み」ではなく、今から創る「未来の強み」

ここで話を会社の「強み」に絞ります。そもそも会社の「強み」とはなんなのでしょうか。誰と比べての、誰から見ての、いつの時点での…よく考えれば「強み」自体が曖昧な概念です。

それじゃ「強み」は無意味かと言えばそうではなく、私が申し上げたいことは次の２点です。

■今の「強み」を求めるのではなく、未来の「強み」を創造する
■未来の「強み」の条件を明確にする

今を**基準**に「強み」を作ろうとしても、作っている最中に「強み」の前提が変わって、「強み」の意味がなくなってしまうかも知れません。ですから今を**起点**にして、未来の自社に欲しい「強み」を深く考え、具体的に描くことです。

今を起点に、３年後に欲しい「強み」を決めたとすれば、準備期間は３年もありますから、難易度の高い「強み」であっても実現性は高くなります。

そして「未来の強み」を創るための取り組みを根気よく続けることです。時間は十分あるのですから、即効性を狙ったり効率の追求などせず本物の「強み」を作るのです。

本当に喜んで欲しい相手・顧客を想定し、喜ぶ顔を思い浮かべながら、手間暇かけて、楽しみながら「強み」を作り込んでいくのです。

大企業であれば、開発や企画など新しいことを考え集中的に取り組める専門部署、専任担当者がいますが、プレイング・マネージャー、プレイング・プレジデントの中小企業では大変な負荷が掛かり、長続きできないことが多いのです。

目先の課題、日常業務との兼ね合いを図りながら限られた時間を使って、それこそミリ単位の進捗を重ねなくてはなりません。頑張って取り組んでいるのに進んだ気がしない、色々な手を打っているのに何も変わらない、そういう状況であっても続けることのできる、前向きで明るさを伴う「忍耐力と持久力」が必要になるのです。

ですから、A社長が言うように「どうやったら楽しくやれるか、面白くなるか」の真剣な工夫が必要になる訳です。苦しいけれど興味深い、疲れるけれど辞めたいとは思わない、失敗さえも明日への糧になるようにすることが大事になるのです。

3年後を想定した「未来の強み」を創るための取り組みの成果は、3年後に急に、一気に出るのではなく、1年目には1年目の、2年目には2年目の、途中の変化・成果が必ず出るので、「成果が出る迄3年待て」ではないのです。

会社を大きくすることの意義

中小企業の経営者で「会社を大きくしたいとは思わない。会社の大きさよりも重要なのは中身です」と言う方がいらっしゃいます。大抵、堅実で優秀な方ばかりです。それは社長のお考え、方針ですから反論するつもりはありませんが、「ゴーイング・コンサーン＝経営を継続させる」上で企業としての成長・拡大は必須ではないかと考えます。

この仕事を30年以上も続けていると、様々な技術革新や経営環境の変化、想定外の出来事に遭遇しその影響を受け、それに立ち向かう中小企業の社長の姿を身近に見ます。バブルの崩壊、リーマンショック、東日本大震災、新型コロナによる影響は誰も予想などできなかったし、インターネットもスマホも２５年位遡れば存在していないのです。

中国には精度の高いモノづくりは無理だと誰もが思っていましたし、少子高齢化も分かっているようで本当は少しも分かっていなかったのだと実感します。

何かが起こるたびに経済評論家は「今までの常識が全く通用しない時代が来た」と繰り返します。パラダイムシフトはもはや常態で、会社を取り巻く環境は何もしない会社を潰すように作用しているとしか思えないのです。ですから現状維持はあり得ないし、今の売上、今の商品や製品、サービスが無くなる可能性は確率の問題ではなく現実になる、と考えた方がより現実的です。

そう考えると、ただ会社を大きくすることではなく、将来への備え、リスクヘッジとしての事業の成長・拡大を図ることは必須なのです。

しかし、そういった守りの発想から会社の成長・拡大を図ろうとするよりは初めに申し上げたように、社長ご自身の本音・本心に蓋をしないで素直になるほうが良いのです。

もっと大きく、儲かる会社になって、社員にたくさん給料を払ってあげたいし、いろんな経験もさせてあげたい。社員が胸を張って自分の会社の名前が言えて、この会社に入って「良かった」と言ってもらえる会社にする。

或いは、創業社長として、二代目社長として自分の経営者としての可能性を試す、次から次へと尽きない想い・願望・野望に向い合うということをお勧めします。

平凡なままの経営が一番過酷

私の学校での成績は皆さんに自慢できるものではありません。５段階評価で美術と国語が４で後は３ばかり、音楽は２でした。５段階評価で３ばかりですから普通であって平凡と言うことになります。

先生から渡された通知表を見ながら教室のクラスメートを見渡し、だれが５を取っていて自分より頭がいいか、誰が２や１で自分より成績が悪いかを大まかに分類したことがあります。するとほとんどの人が自分と同じくらい、つまり普通で平凡な人が一番多いという当たり前のことに驚いたのです。

会社も同じです。普通の会社・平凡な会社が一番多いのであって、言い方を変えればライバルが一番多い激戦地帯なのです。資格試験の合否も境目がボリュームゾーンで、たったの１点の差で数百の順位が変わると聞いたことがあります。

普通とは平凡とは、一番厳しい領域の中で一番多くのライバルと戦い、顧客からはいつでもスイッチされる危険地帯で経営をしていることなのです。

違いを作り「強み」を持つことは、経営的に過酷な所から抜け出す、安心できる場所に移動するという意味もあるのです。

圧倒的な「強み」ではなくても、まずは「小さな差」、微差・僅差で良いのです。ボリュームゾーンでは、通知表の3を一つでも4にすれば学年の順位が一気に上がります。資格試験で1点上乗せすれば数百人を追い抜き、合格ラインを突破するかもしれないのです。具体策は第三章と第五章で詳しく説明しますが、未来の「強み」を創り平凡から非凡に変わる努力は、平凡なまま会社を維持する努力よりも、容易であり、報われやすいことだけは認識していただきたいのです。

坂道で踏ん張る人の姿を2つイメージしてみてください。一つは坂の下の方を向いて、落ちないように踏ん張る姿。もう一つは坂の上を向いて踏ん張る姿です。体にかかる負荷は同じですが、前者は危うく見えて、後者は勇ましく見えます。

また、前者は良くて現状維持、悪ければずるずると落ちていってしまいます。後者は頑張れば上に前進していく可能性があります。

別な話になりますが、自転車競技では坂道をひたすら登るヒルクライムの方が、坂道を下るダウンヒルよりも盛んですし、ヒルクライムよりもダウンヒルの方が比較にならない位危険なのです。人も会社も「登り」の方が好きですし、前向きな力が出せるので安全なのではないでしょうか。

第2章

なりたい会社になれない、悪魔のサイクル

会社には「性格」がある

会社には「性格」がある。唐突に何を言うのかと思われたのではないでしょうか。しかし、経営コンサルタントとして、中小企業の経営の支援をさせていただいていると、何度となく感じることがあるのです。

その正体は…もうお分かりだと思います。そうです、社長の「性格」が会社経営に色濃く反映された状態のことを言います。

社長ご自身が分かっているのにそうしてしまう、そうせずにはいられない。頭ではわかっているのに変えられない、そしてそれを繰り返してしまうというものです。もちろん、よい面も多いのですが悪いことの方がどうしても目立ちます。

一般的に言う組織風土・企業文化に近いもので、中小企業に限ったものではないかも知れません。しかし大企業とは違う、もっと人間臭い表現、結局「性格」と言った方がぴったりくるのです。

それは日常生活の「習慣」のように、自然で無意識行動のように現れてくるものですが、影響範囲がはるかに広く、経営に関わる重要な局面ではっきりと表れます。

最も顕著なのは、会社の**成長戦略の選択と実行**、その時です。

例えば、経営方針に関わる大きな選択に迫られたとします。長い時間を掛けた議論の結果「やっぱりそこへ行くか」と思えるところに着地し、良くも悪くも社長らしさ、会社らしさが維持され、繰り返され、それが会社の成長の原動力になったり、その逆に障害にもなるのです。

30億寸前で成長がピタッと止まったままの原因

ある会社の事例をお話しします。

もうすぐ30億、しかしあと2億3億が不足して何年も停滞している物流会社があります。トップは大変優秀な方で、意思決定も行動も早く、決めたことはすぐやる絶対にやり遂げる猪突猛進の社長です。経営環境を読み取るセンサーが抜群、しかも人間味あふれる感情豊かな方です。

機械や建築資材の輸送・配送を事業の中心に置き、徐々に倉庫による「保管」と、保管しながらの「構内作業による加工」へと展開し、物流全般に事業を拡大してきました。長距離輸送は独自の車両の活用方式で効率を高め、固定給と歩合給、きめ細かいインセンティブを組み合わせた給与制度でドライバーの確保とやる気の維持を図ってきました。

これら全て社長お一人が考案し構築した、当社の勝ちパターンです。

創業当時から現在に至るまで、寝る間も惜しんで働いた。ドライバーが不足した時は社長自身が大型トラックを運転し、月に何千キロも走った。その結果一代で30億に手が届きそうな物流会社に育てたが、ある時点で成長が止まった。

法改正による時間外労働の上限規制、ドライバーの確保難、価格競争激化の中で思うような価格で仕事が取れない、こなせない状況に陥ってしまったのです。

あの手この手と色々手を打ったのですが、ここ5年間は効果らしいものが何も出ていないということで、この会社のメインバンクを通じて相談依頼がきたのです。

はじめましての挨拶も終わらない内に、開口一番「なるべく早く30億を超えるようなアドバイスをくれ」とストレートに言われました。その強引さから、この会社のおよその性格は感じ取れます。

社長の話を要約します。

●管理職が管理職の仕事をしていない。改善案を出せ、何か良いアイディアを出せと言っても出てこない。

●配車係は3人いるがコミュニケーションが悪く、自分の担当の荷主の事ばかりで、席が隣り合っているのに情報を共有したり、ドライバーを融通し合ったりもしない。
●ヘッドハンティング会社から、大手企業の出身者を入れたけど、口ばっかりで成果を出さないから半年で辞めてもらった。
●経営会議は、顧問税理士の先生に来てもらってやっているが、管理職の「出来ない言い訳」ばかりで、1年やっても変化がないので「もう止めたらどうか」と言っている、と。怖いくらいの真剣な顔、こちらの相槌さえ待てない、まるで速射砲です。

その後別室で、取締役の総務部長と後継者の息子さんからも話を伺いました。「社長の性格だから仕方ないけれど」と前置きして、社長主導の経営の詳細を話してくれました。
●管理職が社長のスピードに付いていけていない。まるでマラソンの独走状態。
●性急に結果を求め、途中経過はいらない、結果報告だけでいいと話を断ち切る。
●意見やアイディアを言えというが、管理職の意見を最後まで聞いたことがない。
●社長の言う事が絶対で、みんな思考停止状態、迂闊に反論すると10倍返しに合う。

社長の機嫌が良い時を見計らって、言葉と表現に細心の注意を払いつつ提言すると「そうだよな、俺も分かっているのだけどなあ」と後悔した様子。しかし、こうした状況はかれこれ5年以上は繰り返され、重苦しい雰囲気は諦め感として社内に蔓延し事務所内は酸欠状態だと言うのです。

当社は天才肌の社長によるトップダウン、ワンマン経営で事業を拡大し、社長ご自身が編み出したビジネスモデルによって、業界内でも注目されるほどの急成長を遂げてきたのです。

しかし、それが時代の流れで通用しなくなってきた。事業規模も大きくなり、数箇所ある支店の様子も、百数社ある荷主の変化も見えにくくなってきた。社長手作りの独自システムも経年疲労が甚だしいが、だれもリニューアルもバージョンアップも出来ない状態になっているのです。

将来を見据えた今後の経営の方向性を管理職と話し合いたい、意見を聴きたい、知恵を借りたいと思ったとき、社長は独走しすぎて近くに誰もいない、一人きりになってしまったのです。

成長のための行動様式4つの「型」

図1は、中小企業の経営者が何に重きを置いて、どんな成長戦略を選択し、行動をしていくかの行動様式を4つに類型化し、それぞれに名前を付けたものです。

先にお断りしておきますが、これはどの「型」がいいとか悪いとかを言っているものではなく、「違いや特徴」を理解していただくために私が考案した図です。

この行動様式の「特徴や違い」が、まさに冒頭に説明した「会社の性格」の現れなのです。

縦軸は成長戦略の誰が中心になるかと言う「取り組み主体」で、上の方は「組織運営」、下の方は「個人依存」の両極になっています。上に行くほど主体対象の範囲が拡がり、一番上は「会社全体」で、逆に下に行くほど対象範囲は狭くなり、最終的には「特定個人」となりますが決して人数が多い少ないではなく、あくまで対象範囲を尺度します。

一方横軸は「取り組み主体」が成長戦略を推進するにあたって、どんな手段・方法に重きを置くかです。

右側はシステム思考ですので、仕組みや仕掛けなど「有形の手段」です。しかも部分・単発ではなく、いくつかの仕組みの相互作用も意図した組み合わせも含みます。

左側はシステム思考の「有形の手段」とは正反対で、叱咤激励、言葉中心の意識付け、動議づけの「無形の手段」に重きを置きます。これをひと言で表現する言葉が見当たらないので、形あるモノ＝仕組み・仕掛けを用いないということで「精神論」としました。

書面や動画は「有形の手段」の様ではありますが、これは仕組み・仕掛けではなく表現方法ですので、ここでは「無形の手段」のうちに含めます。最も左に位置づけられるのは、いわゆる「鶴の一声」です。これらは厳密な区分けというより、あくまでイメージ的なものとして捉えてください。当然中間に地位づけられるようなバランス感覚のある経営者、会社も存在します。

順を追って説明していきますが、分かり易くするために「4つ型」に名前を付け、それぞれの型の特徴をプロファイル的に描写しました。その後に具体的な企業の事例をあげています。但し、最初の物流企業のケースは事例を先行させました。

また、事例の企業は類似の数社の内容を組み合わせたので実在する一つの会社ではないことをあらかじめご了承ください。

図１

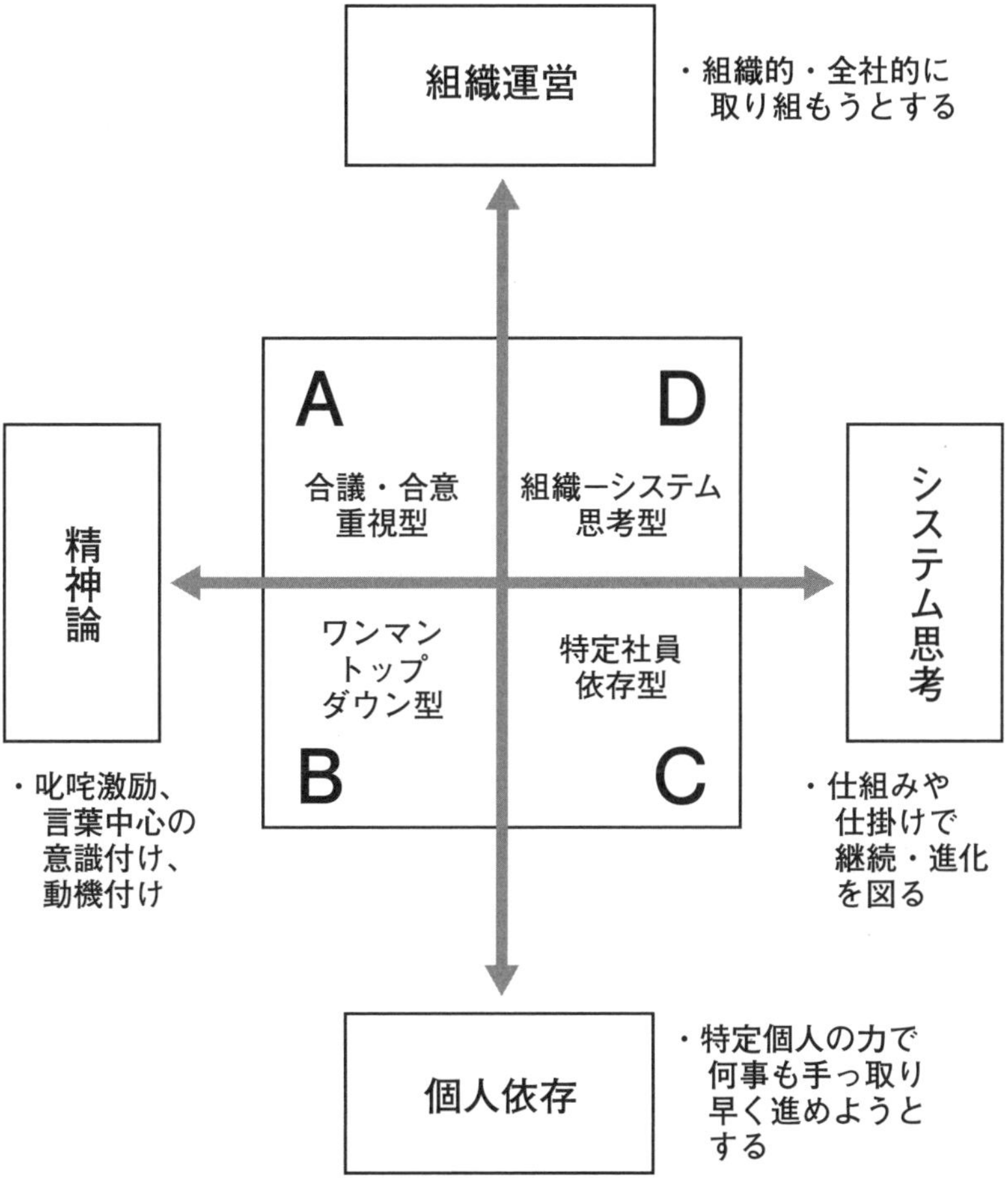
組織運営
・組織的・全社的に取り組もうとする
精神論
・叱咤激励、言葉中心の意識付け、動機付け
システム思考
・仕組みや仕掛けで継続・進化を図る
個人依存
・特定個人の力で何事も手っ取り早く進めようとする
A
合議・合意重視型
D
組織ーシステム思考型
B
ワンマントップダウン型
C
特定社員依存型

リーダー不在、「特に何もしない」を繰り返す管理職会議

A「合議・合意型」　精神論と組織運営が交差する領域

社員の個性や意見を取り入れ、社内のちょっとした行事の企画はもとより、会社全体に関わる経営的な意思決定に際しても、管理職に意見を求め全員の合意を重視します。日頃から社長と管理職の距離は近く何でも言い合える関係を維持し、社長はこの形こそが「組織で経営する」ことだと自負しています。

人財育成・管理職教育には関心がなく、経営参加の機会を与えれば自然に経営スキルは身についていくものだと考えており、教育・研修に時間と費用をかけることに積極的ではありません。

一方ご自身は勉強家で後継経営者、経営者向けの講座やセミナーに参加したり、●●会と言った経営者の異業種交流会に所属して自己研鑽に熱心です。

当然の事ですが、こうしたことが数年続けば経営者意識、経営知識やスキルにおいて管理職と社長の「差」は大きく開くばかりです。

しかし、将来に向けてどんな成長戦略を取るべきかと言った重要な経営課題であって

も、自分の考え・主張を押し付けることはせず管理職の意見をよく聞き、「それでどうする」と最終的な判断までも管理職との合議・合意にこだわります。

創業者や先代がほぼ確立した完成度の高いビジネスを受け継いだ２代目３代目の社長が多く、先代から託された会社をどう**守る**かが将来に向けての成長戦略です。

取引先の大企業に３年～５年くらい「修行勤め」していて、その勤務中に経験した部下と上司のスマートな関係をあるべき姿としてそのまま自社に持ち帰ります。

立場が大きく変わって、中小企業の経営者になってからもそれを実践し、管理職の意見に真摯に耳を傾け、できる限り採用し褒める言葉と感謝の言葉を忘れません。それが自分にとっての理想の上司像であり目指すべき経営者像なのです。

一方管理職自身は、経営的な意思決定に参画する重要な位置づけになっているのですが、本人たちにその自覚はありません。現場実務には実績も自信もあり、それを買われて管理職を任されたのであって、自分から望んで管理職になったわけではないと思っています。また、現場の絶対エースですから研修などに出たら仕事の遅れに直結します。

自分自身の後継者も育っていないので現場から抜けられませんし、外部の研修参加も億劫がり自己啓発と言う発想はありません。

実際の会社をモデルとしてご説明します。創業60年を超える自動車部品関連の製造業です。現社長は50名の社員と広大な敷地、中も外も相当古く痛みも目立つ工場を7年前に先代から引き継ぎました。

取引先の自動車部品の最大手に3年間勤務した後営業職として入社、ベテランの営業部長から仕事を学びその2年後に、ベテラン営業部長の定年退職を機に後任になりました。

その後わずか1年で先代社長が体調を崩した為営業部長兼務のまま社長に就任しました。

職人肌の工場長、もくもくと働く各現場の課長、紹介会社を経て入社した大手企業出身の品質管理課長、メインバンクから紹介されて入社した財務部長。

社長はこのメンバーと顧客からの要求事項への回答や建物や機械の修繕箇所の優先順位、新規設備の投資の可否、社員の賞与や昇給の水準を合議で決めてきました。

数年は比較的順調でしたが、主要顧客が相次いで開発と製造部門の一部を国内に残しただけで、生産の主力を中国等に移した為に売り上げが激減しました。

自社も中国進出するかどうかを何日もかけて幾度となく話し合いましたが「当社の財務と人材では無理」なので「今のまま特に何もしない」という意思決定に着地しました。

しかし、残った国内需要のパイはそう多くはなく、自社より規模の大きい会社との価格競争に巻き込まれていきました。

既存顧客だけでは売上、利益ともに足りないので、社長が先頭に立って新規開拓に全力をかけました。しかし、武器は低価格のみですので利幅は少なく、量を稼ぐしかありません。当然残業が増えてしまいます。労働分配率は悪化し賞与も昇給もなくなっていきました。


この状況を打開すべく経営改革会議が連日開かれ、ようやく今後の改革案が財務部長の考えをベースにまとまりました。今までにない挑戦的なものです。

量産品ではなく、大手がやりたくない「少量多品種小ロット・短納期」を前面に打ち出し、営業先も広げてホームページも作り替えようというのが骨子です。

担当者まで入れた具体的な実行施策とタイムスケジュールまで合議で作成しました。しかし、それから４年が経過しましたが依然として量の確保に社長は奔走し、現場は残業続きで社員全員が「あきらめ感と疲労感」でいっぱいです。

工場はもとより、事務所や食堂にいたる迄目につく傷みが進んでいますがその状態が放置され続け、誰も「おかしいだろ」とは思わなくなっていきました。

経営状態がさほど厳しくない時は管理職の発言にも勢いがありましたが、ここまで厳しくなるとそうは行きません。皆下をむいたまま社長の言葉を待つようになります。

次第に「こんな厳しい状況になったのは社長の優柔不断が原因だ」と管理職が口を揃えて批判するようになりました。

社長は人柄がよく温厚な性格なので、社長を嫌う社員はいませんでしたが経営状態が悪化すると話は違います。長年勤務してきた現場管理職も外部から来た財務部長も、胃がキリキリするような意思決定を迫られる状況下では無力な第三者です。

こうした会議は何度も繰り返され、誰もがこのままではだめだと頭では分かっていても「今のままで特に何もしない」という同じ意思決定を繰り返します。

社長は何でも一等賞

B「ワンマン、トップダウン型」精神論と個人依存が交差する領域

社長は何でもできる社内の「スーパーマン」です。比べるものではありませんが、現場作業も最新機械の操作も営業も何でも社長が「社内で一番」、誰にも負けません。バイタリティーあふれる行動力で会社と社員をぐいぐい引っ張って行くのがこの会社の常態です。

社長は、いわゆる親分肌で面倒見が良く情に厚く、ご自分が生き抜いてきた昭和の時代の経営スタイルをそのまま継続しています。判断基準は社長ご自身の「成功体験」です。自分の言う事が絶対で「俺が決めたこと、言ったことをつべこべ言わずにやれ、早く結果を出せ」と何かにつけ早い成果を求める結果主義。「そこまで待てない、育てている時間はない」が口癖で、ないものや不足するものは外部調達する。意思決定が早く新しもの好き、何事にも期待水準が大きいため、あれもやってこれもやって、あれもやめてこれもやめてが極めて多いです。

朝令暮改は日常化しており、それは時代の変化に迅速対応するための戦略的行為であり

「当たり前」だと断固として言い切ります。

ですから社長が新しい取り組みを宣言しても、管理職をはじめとした社員は「あと2、3か月もすればやめる、忘れる、無くなる」と様子見します。決して悪意がある訳でなく、社長を尊敬し恐れ頼りにし、絶対的存在だと位置付けています。最初にご紹介した物流会社はこの典型です。

社員は現場・実務に専念し熟練していくことを望まれ、社長の指示命令を愚直に実行し、実績をあげた社員が管理職・経営幹部に出世します。

社長と異なる考えや主張を持つとそれが会社のためになることであって、本質的には社長と同じ方向であったとしても理解されずに退けられるか、自分から離脱することが繰り返されます。

オレ様社員の誕生

C「特定社員依存型」個人依存とシステム志向が交差する領域

社長の苦手分野を上手にカバーしてくれる、実務に長けた経営幹部・管理職の存在が最大の特徴です。

社内のトラブルも社長の手を煩わせることなく解決します。社内の組織作りや仕組みづくりにも精通していて、社長の意に沿った方向にリーダーシップを発揮し構築していきます。

業務に必要な経営システムの理解も早く、社内導入に当たっては自ら牽引役を引き受け、情報も権限も独占します。

仕事に対して苦労をいとわず新しい取り組み、高い目標に対しても尻込みせずに努力するので、人の問題で苦労してきた中小企業の経営者にとって貴重な存在です。

その社員への社長の特別扱いぶりに「えこひいき」だと言う陰口も出てきますが、仕事の成果をあげるので実力を認めざるを得ず、周囲からの反発は徐々に消え、むしろその人の指示・命令に従うようになります。

そのような状況が続くうちに自分の思い通りに事が進む、社長以上に社員が自分の言う事を聞く、会社を支えているのは自分だと大きな勘違いをしていきます。

それが度を越していくとやがて社長と対立する様になり、社長にはその人の存在が疎ましく思えるようになります。しかし、実務面でも重要な役割を担っていて、成果も出している「いないと困る」存在なので、わざわざ摩擦を起こすようなことはせず、放置・放任状態にします。

しかしその状態に社長自身がなんとも我慢できなくなった頃、新たに実務に長けた「救世主」が現れ社長の窮地を救います。

救世主は仕事ができるし、何より社長の意見に全面的に賛同し、対立や批判は全くありません。社長が疎ましく思っている経営幹部・管理職に対抗し、いつしかその人たちを抑え込んでくれるようになります。ただ、それは**役者交代**にすぎず、やがてまた同じ状況が繰り返されることになります。

社員数50人、樹脂成型の会社の事例です。社長は二代目、有名理系大学の秀才です。専門家の勉強会や学会にも参加する研究者でもあります。

取引先のほとんどが名の通った大手企業なので要求水準は厳しく、ＩＳＯやＢＣＰを積極的に取得しています。顧客からは量産品だけでなく新製品開発の協力依頼も多く、別棟に製品開発専門の工場もありますが、開発品の全てが量産品になることはなく、大きな利益を生むまでには至っていません。

儲かるはずの量産品も成形機オペレーターの技術レベルの低さにより品質が安定せず、生産計画も狂い、ロスが多いためにさほど粗利が出ないのが実情です。

品質管理部門からＩＳＯの是正依頼書が発行されるのですが、どこかの部署で行方がわからなくなったり、理由なく滞留したりで「見える化ボード」からは何も見えていません。会議を開けば不良原因のなすり合いになります。

社長は感情が絡む調整が苦手で、びしっとした指示が出せません。品質会議は開かれる度に喧々諤々、挙句の果てには「社長が悪い、無能だ」という、けしからん発言が飛び交います。現場たたき上げのベテラン社員の開き直りに、秀才の研究者でジェントルマンの社長はたじたじです。

そんな時期に同業で規模の大きい会社から、30代の技術者が入社してきました。元気で明るく頭が切れる、社長の意見に賛同し、しっかりした弁舌で他の会議参加者を圧倒します。

その人を頼りに思った社長は、半年後に課長、一年後には部長を任せ、3年後には工場長に抜擢しました。

新工場長はやる気満々で社内を改革し、形だけのISOをしっかり稼働させ、品質も安定させることに成功しました。このまま順調にいくかと思われましたがそう上手くはいきませんでした。


いつ頃からか、はっきりしないのですが工場長の態度が横柄になり、給与も賞与も大幅アップを直接社長に要求する様になったのです。

会議でも社長の言葉を否定し、社長の現場知識の低さをあざ笑うようにもなったのです。心無い社員は「影の社長は工場長だ」と噂する様になりました。まさに「オレ様社員」の誕生です。

それからというもの、経営的な意思決定、社内人事の実質決定者は工場長になっていきました。社員は工場長を恐れ、工場長の勝手放題を容認する社長にも失望していきます。

社長は研究に関する議論は得意ですが感情的な言い合いは大の苦手ですので、そう言ったこと自体が面倒な社長は、それなら「お手並み拝見」とばかりに放任・放置を選択しました。

やがて、会社内の至る所に不協和音が発生し営業面にも悪影響が出てきました。新規受注件数は減り当社に協力的だった商社からの案件も激減し業績は悪化の一途、当然資金繰りも厳しくなっていきました。しかし影の社長の工場長はこのような状態になったのは自分のせいではなく**本当の社長**のせいだと責任転嫁します。

社長と工場長の関係悪化が臨界点すれすれの時に、金融機関の紹介で新しい管理部長が入社しました。修羅場経験が豊かな管理部長は社長の命を受けて工場長を排除し、それまでの工場長の役割をそっくり承継していきました。そして何年もしないうちに管理部長もまた、何代目かの「オレ様社員」になっていったのです。

このケース以外にも特殊な技術を持つ職人、高度な測定器を操作できる技術者、圧倒的な営業成績のトップセールスマン、「オレ様」予備軍はどこにもいます。

確かに「オレ様」社員は問題ですが一方でハイ・パフォーマー、企業の大事な経営資源でもある訳ですから、そうならないような先手の手立ては非常に重要です。その対策は後ほど取り上げます。

見えにくいことに手間と費用を掛ける

D「組織ーシステム思考型」組織運営とシステム志向が交差する領域

柔軟性と合理性を併せ持つ経営者が多いです。できる限り内製重視、内部人財活用を優先しどうしても足りない機能や人的能力のみ外部調達します。

結果を重視しますが、それと同じくらいプロセスを重視する考え方が特徴的で、サッカーやラグビーチームの監督のように人財育成と経営戦略のバランス感覚が優れています。やる気のある社員には色々なチャレンジの機会を与え性急な結果は求めません。経営の仕組み作りや人財育成など、目に見えにくいことにも手間と費用を惜しみません。

良いと思われる最新システムはいち早く取り入れ、社内に根付かせたい経営の仕組みは根気よく自社開発します。

組織ーシステム思考型の社長の良いところは、**人を育てる**ように**仕組みも育てる**という発想を持っているところです。

しかし、一方でそれぞれの仕組みが別々に機能し、一貫性・連動性が図られず仕組みやシステムが目的化してしまうところがあります。

精密部品切削加工の社員数80人の会社の事例を紹介します。社長は二代目ですが創業者と言っていいほど会社を大きく変えた行動的な方です。

開発中心のものづくりに関心があったので、中堅の開発型の製造業に就職しました。いろいろな経験を積もうと考えていたので数年はこの会社で学びたいと思っていたのですが、わずか一年ほどで先代から急遽呼び戻されたのです。

人海戦術が得意な昭和の町工場をどうやったら開発品や試作品の依頼が来る会社にできるか、どうしたら社員が定着し、伸び伸び成長してくれるかを考え、様々な手立てを実行し、進んで社員の輪の中に入っていきました。まさに言行一致、有言実行の社長です。

取引したい県内外の優良企業には、自ら飛び込み営業で先方の「困った案件」を積極的に引き受け、問題解決するまで現場の担当者を付きっきりでフォローします。

ＩＳＯを始めとする品質基準やエコアクション21なども取得し、ＢＣＰや人事評価制度、社員教育の仕組みも内部人財を中心に構築しています。この会社の詳細は第６章で取り上げているのでここまでにします。

図2は図1と同じですが、矢印が「D型」から「ABC型」に向いています。

ABCDの型にはそれぞれ特徴があり、それが「強み」となって急成長の原動力になりますし、厳しい経営面の制約条件下で、その会社にとってはその型の経営が「最善の選択」だったかも知れないのです。

ですからここからは、良い面より悪い面の方が目立ってしまう事態になった時どうするかを考えていくことをテーマとします。

まずD型ですが特に指摘するほどの悪い面は思い当たりません。D型の良さを維持しつつ自社の不足する点を、ABCのそれぞれの型から取り入れ・強化するのが良いと考えます。

それ以外のABCの型を見ていきます。ABCの型が他のABCの型から「強み」を取り入れ強化よりも、D型の「強み」すなわち「組織―システム思考型」のメリットを取り入れ、強化するほうが成果が出やすいです。なぜなら、ABCの型のそれぞれの特徴が相互に打ち消し合う関係にあるのに対して、システム志向はそれぞれの特徴を補完する働きがあるからです。

人間には両手があって片方が利き手、もう一方は利き手ではない方の手です。利き手ではない方の手がバランスを取って、利き手を助けているのです。ＡＢＣの型の会社の強すぎる利き手に対して、よりバランスを取れるように利き手ではない方の手を強化する、そんな発想です。

会社の性格・社長の性格だから、分かっていても変えられないものだと言われたら話が進まないのですが、性格を変えるのではなく、考え方や手段・方法を変えてみるというのはどうでしょう。

図２

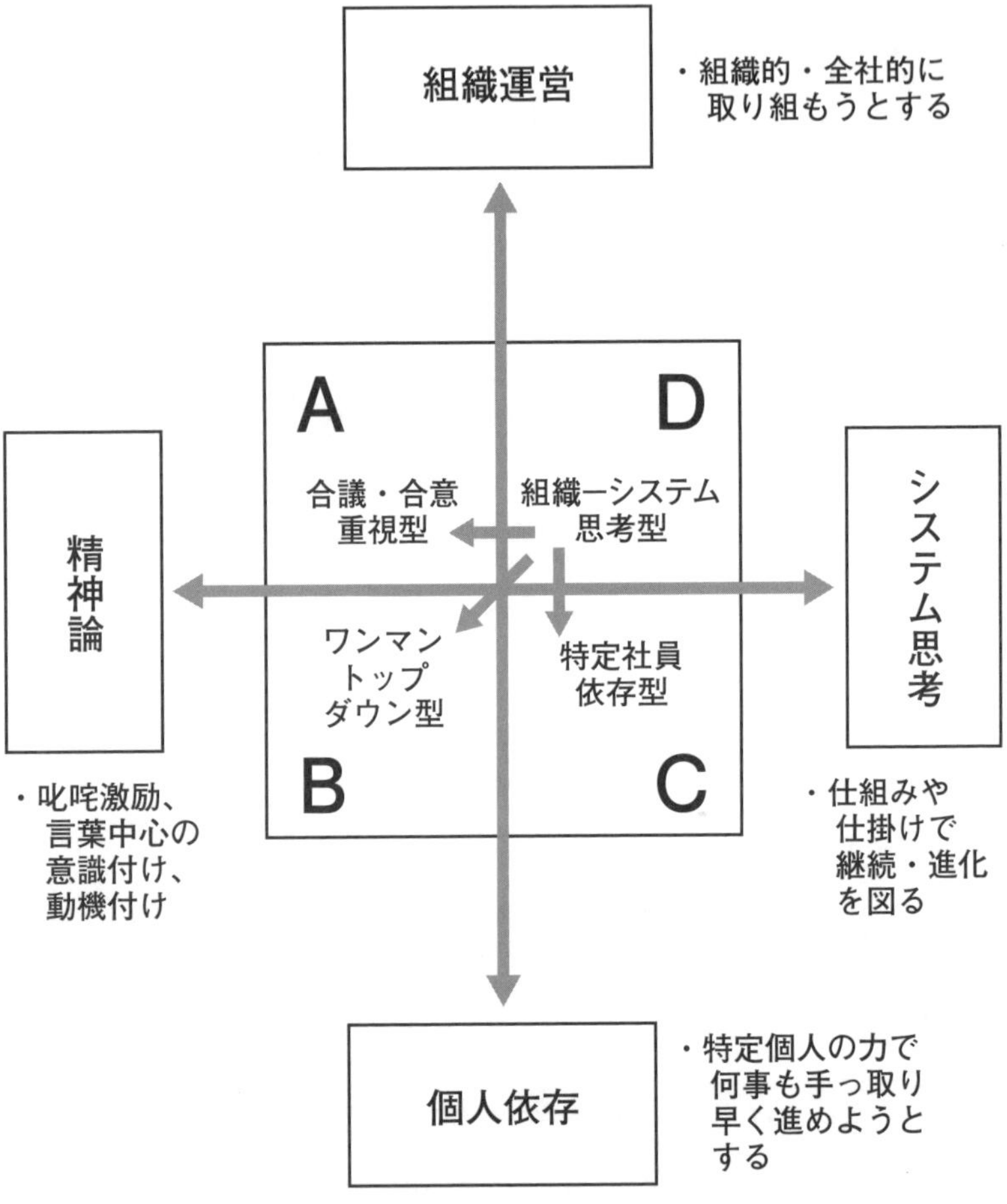
組織運営
・組織的・全社的に
取り組もうとする
A
D
合議・合意
重視型
組織ーシステム
思考型
精
神
論
シ
ス
テ
ム
思
考
ワンマン
トップ
ダウン型
特定社員
依存型
B
C
・叱咤激励、
言葉中心の
意識付け、
動機付け
・仕組みや
仕掛けで
継続・進化
を図る
個人依存
・特定個人の力で
何事も手っ取り
早く進めようと
する

ＡＢＣ型が「Ｄ型」の志向を取り入れると

具体策の説明は３章と５章で行いますが、大枠として「ＡＢＣ型」のそれぞれが特徴・強みを維持しつつ「Ｄ型」を取り入れると、どんなメリットがあるかを説明します。

Ａ合議・合意重視型が組織ーシステム思考型を取り入れる。

Ａ型は権限委譲の考え方と組織行動が出来ている事が特徴であり「強み」です。

この型には次のような良い面があります。

■若手の人財に対して、管理職になると経営参加できるという将来目標を提供できる。

やる気のある若手人財にとって「ずっとこのまま、代わり映えのしない自分しか見えない」ことが中小企業で最も多い退職理由だと考えられます。管理職になったら経営参加でき、会社を動かす側になれる、そんな自分の未来が描けることは優秀な人財の社外流出を防止します。最近の若手は管理職になりたがらないと言いますがそれには理由があります。

社内を見渡した時「この人のようになりたい」と思える管理職が見当たらず、「管理職なのに管理職の仕事をしていない」人ばかりが目に付くからです。

■社長が経営的判断を誤りそうな時、苦言を呈してくれる「片腕」が育つ

社長に対して真剣に耳の痛いことを言える社員は貴重な存在です。（ただし、オレ様社員と表裏一体）。事業承継の過程において、後継者に対する社長の代弁者になってくれたり、後継者の体制が整うまでの、経営の中継ぎをしてくれる人財が育つ可能性があります。

しかし一方でA型の場合は精神論が主で経営の仕組みが出来ていないことと経営幹部・管理職の経営者意識とスキルが不足していることが弱みです。

それを補う仕組みを構築する必要があり、まずは次の2つが有効と考えます。

1つ目は、管理職が現場から離れる事ができる仕組みです。中小企業の経営幹部・管理職のほとんどがプレイヤー8割以上でマネジメント2割以下のプレイング・マネージャーです。

中小企業の管理職は管理職の仕事をしないと言われますがそれには理由があります。やろうと思っても現場で最も難しい仕事、営業部門であれば一番重要な得意先を任され会社の売上・利益目標を担っているので担当業務から手が離せないのです。

管理職・経営幹部としての意識やスキルを身につけるには、現場の仕事から少し離れて経営者的な意識やスキルが問われ、磨かれる経験が必要です。

また、ただ現場から離れるのではなく離れても現場の戦力が極端に落ちないように備えをさせることが重要です。

自分の経験知・実践知を次世代に承継させることも視野に入れて熟練技術を形にしたり、新規開拓や大口顧客の突破法など現場運営の仕組みを構築させることです。

現場の熟練技術者は自分のノウハウを教えたり形にするのが苦手な方が多いですから本人任せでは進みません。部署全体でヒアリング・観察など手分けして取り組めば、その人の「見せたい背中」をマニュアル（動画も含む）などに残すことができるはずです。

本書第5章前編、仕組みその2自主管理経営式「強み」創造マニュアルが参考になりますのでご参照ください。

2つ目は、部門採算性の仕組みの構築です。現場実務が優秀なので管理職になった方がほとんどなのでマネジメントの意識もスキルも未経験分野です。

そういった未経験分野を経験させるために、担当組織を一つの会社に見立てて「自分の担当分野で社長をしてみろ」という部門採算性導入です。

部門採算性は財務の数値だけでなく財務に直接・間接に影響を及ぼす業績数値も提示できるようにすることが重要です。そうしないと財務数値の結果ばかり追ってしまい意思決定や改善手段の選択を間違ってしまうかもしれません。

経営面ではまだまだ未熟ですので、何を目的にどんな手立てを打ったのかが何らかの数値で見えるようにすべきです。見えるようにしておけば社長も指導やフォローがし易いですし、本人も部門のメンバーと一緒に分析し易いのです。ここについては第5章前編仕組みその3自主管理経営式、月次業績報告が参考になります。

Bワンマン、トップダウン型が組織ーシステム思考型を取り入れる

スーパーマンの社長の存在が最大の「強み」であり弱点です。それはご自身が一番分かっているはずです。

精神論主体で経営幹部・管理職の経営者意識やスキルがまだまだなのは「合議・合意重視型」と共通なので有効策も同じです。但し、この型固有の次のような取り組みが重要です。

優秀すぎるトップの手腕で全てが決まり動いて来たので、そうでない企業よりも後継者は大変なのです。

優秀な父（母）である社長を尊敬し社長の経営から多くを学び素直に引き継ごうとする後継者の場合は問題は少ないと言えます。

しかし強引過ぎる父（母）の経営のやり方に、明らかに或いは密かに反発心を抱いている後継者は注意を要します。

社長のワンマンさに目を奪われ、反発心で心に余裕を無くし大事なことを見ようとも学ぼうともしなくなってしまうからです。

ワンマン・トップダウン経営の陰には誰にも頼らずに磨き抜いた**独自の経営哲学**があり、競争を**勝ち抜く実践戦略論**があり、失敗しない独自のリスクマネジメントがあります。また金融機関や取引先との**「付き合い方」の極意**もあります。

それを伝えないまま距離を置き、なし崩しのように事業を承継してしまうのはもったいない話です。しっかりと聴き、理解した上で自分なりの考えやり方で経営するのは後継者次第で良いのですが、聴きもせず学びもせず反発心だけのままでの承継は危険です。

例えるなら新築とリフォームの違いと似ています。全くの新築の家を建てるのではなくリフォームの場合は、基礎や構造など外から見ただけでは分からないことが多く、それを理解し把握しなければ良い工事はできません。

会社も外側から今の状態を見ただけでは分からないことが多いし、数期分の決算書もこの時に何があって何をしてこの数字になったのかを知らなければ、数値の変化・すう勢でしかなく、未来への教訓や気づきや学びを得ることはできません。

たとえ社長のそばにいても、反発心を持ち続けた状態であれば外から見るのと同じと言えます。

ですからB型の会社で後継者との距離がある場合は、思い切って社長から距離を詰めて最も伝えたい事、経営の本質、成功体験とその掘り下げ、失敗経験とそこからの学び、経営環境の見方や判断をじっくり話す「対話の場」を持つことをお勧めします。それができたら苦労はしないと苦笑いの社長もいらっしゃると思います。時間はあるようでないのと同じですからそうも言っていられません。「おれの遺言書」だと思って聴けと迫ってみてください。これについては第五章の仕組みその１　自主管理経営式・理念耕作が参考になります。

C特定個人依存の型が「組織―システム思考型」を取り入れる

システム思考はあるのですが特定個人に依存しすぎなので、まずはそれを解消しなければなりませんが、そのことを説明する前に次のことをお話しておきます。

ここまでのところで特定個人の存在の悪い面ばかりを強調しましたが、別の側面のあることも申し上げておきたいのです。それはこの型のひとつの見方として、力のある人財を得たことは大変幸運であるという認識です。

能力も意欲もあり仕事の苦労をものともしないバイタリティーがあり、目標も達成するし成果も出すのですから貴重な人財と言えます。また、その人の、そこまでの能力を引き出したのは社長であり、人としてのタイプとして相性が良いと考えられるのです。

優秀であるその人財は今までの会社では、周囲に注目されるほどの活躍はせず能力も発揮できず、それまでの会社の社長から評価されて来なかったかも知れないからです。ところが当社で、社長のもとで初めて芽が出て大きく伸びたとも言えるのです。

ですから、社長にとって疎ましい存在になったとしてもただ排除するのではなく、貴重な人財へと仕組みで再生することをお勧めしたいのです。

まずは、オレ様社員のオレ様要因を形成している「強み」を形にし他者への伝授・伝承の仕組みに変換させ、オレ様を「オレ様領域」から引き離す、ホームからアウェイに行かせることが必要です。また、一つの部門・チームなどのビジネスユニットの責任者として部門採算性で会社経営を疑似体験させる、これは他の型と同様です。

さらには、新規分野への進出や新拠点の立ち上げ、新規事業の開発など、新しさ・開発・創造分野の課題を任せて、高くなり過ぎた鼻っ柱を折ってやることです。そして、その試練を「一皮むける経験」へと意図的に仕向けるのです。もし、その課題を難なく乗り越えたら、さらにもっと難しい課題を与え続ければ良いのです。地元で優勝したら県大会、次に全国大会へと挑戦させるのと同じです。

自分はまだまだ未熟だ、社長にも他の人たちにも力を貸してもらわないと何も出来ないということを、痛いほどわかる機会を作ることが本人のためにも会社のためにもなるのです。

オレ様タイプはプライドが高いので困難な課題に対して「選ばれたオレ様しかできない仕事」と肯定的に受け入れます。私が知っている「オレ様社員」はこの方法により良い意味で再生され、社長にとって我慢のならない存在から、一変して頼もしい「片腕」になっています。

第3章

平凡な会社が
ケタ違いに成長する原理

「強み」の本質

前章では、企業がより成長しようとする時、人間の「性格」にも似た行動特性が出てくる。それは4つのタイプに分類でき、それぞれ長短があることを説明しました。

さらに、4つの行動特性の中の「組織―システム思考」は他の3つの行動特性の短所を補う機能があり、他のタイプが長所を損なうことなくこれを取り入れることの有用性を説明しました。

第三章では、「組織―システム志向」すなわち、組織に対して働きかける仕組みで「強み」がないことを克服し、ケタ違いの成長を果たした実例を紹介します。

その前段階として、何度も出てくるキーワード「強み」について、私なりの見解を示させていただくところからはじめます。遠回りのようですが大変重要ですのでご了承ください。

企業経営における競争力、儲けの源泉となる「強み」は、はじめから企業の中に存在するのではありません。企業の存続・成長を阻む難問・難題という壁を乗り越える事によって手に入れることができるのです。

次に挙げるのは、企業の存続・成長を阻む難問・難題という壁のほんの一例です。

- 顧客からの過酷な要求、時には理不尽とも思える取引条件
- 繰り返される社内の「人」の問題
- 眠れないほど悩みに悩んだ大きな投資とその後の稼働率の維持
- ありとあらゆる手立てを講じても減らない不良と未納
- 胃がきりきりするような資金のやり繰り
- 強力な競合の出現、大企業や異業種からの参入
- 想定外の環境変化

こうした企業の存続・成長を阻む難問・難題の壁（以下「企業の存続・成長を阻む壁」と言います）を山ほど乗り越えた時、神様からのご褒美として次のような「強み」が手に入るのです。

- 他社には真似のできない特殊な技術
- お客様のニーズを掴む提案営業力
- 圧倒的な短納期や高品質
- 生産性の高い生産プロセス

・模倣し難いビジネスモデル
・社員のモチベーションを高水準に維持する独自な経営管理手法
・明るく前向きで一体感のある企業文化

神様からのご褒美と言う表現に心当たりや経験がある社長は多いのではないでしょうか。いずれにしても、例外的なケースを除いてどの企業もはじめは「強み」を持っていないのです。

ここで話は変わりますが、私はフルマラソンのシティーランナーです。35キロ過ぎからの過酷さは何度経験しても辛くて、走っている最中に「もうこりごり、二度と参加しない、今回で最後だ」と決心します。ところが完走すると体の痛みよりも達成感の方が大きく、走っている最中の決心をコロッと忘れて一週間も経たない内に練習を再開します。

大会が終わってから、大会主催者が送ってくれる記録表（5キロ刻みのスプリットタイム）を分析して、改善・強化策を盛り込んだ新たなトレーニングメニューを作ってその日から即実行します。私の日常習慣に先送りはありますが、即実行はあまりないのでこれは快挙と言えることなのです。

平凡なシティーランナーなのに、時にはアスリート並に怪我や故障に悩まされながらもほんのわずかな変化や前進を見つけては秒単位・分単位の時間短縮、それこそ「微差・僅差」を重ねて自己ベストを狙い続けています。

私の知り合いの社長の中にはゴルフを健康づくり、或いは人脈づくりを目的に相当な時間とお金を投入されている方がいらっしゃいます。

ゴルフの事となるともう誰も止めることができない程に、身振り・手振りを交えて実に楽しそうに話されます。しかし、話の中身はゴルフの楽しさ気持ちの良さよりも、過酷さ厳しさ辛さが大半です。

その過酷さ厳しさ辛さを克服すべく毎日のように素振りやパターの練習をされて、それこそ「微差・僅差」ミリ単位の成長とともに微かな「強み」を手に入れるといいます。

もはや健康づくりや人脈づくりを超えた「修行・苦行」の領域ですが、それを継続し克服した先に本当の「強み」がある、簡単に手に入れた「強み」は錯覚か幻で、次回のラウンドには消えてなくなっているといいます。

こうなるとマラソンもゴルフも楽しいだけの余暇の娯楽や息抜きとは別もの、まさに辛く苦しい過酷な「修行・苦行」です。しかも、お金も時間も出て行くばかりで回収の目途は立ちません。

なのに、なぜ「それほど前向きで明るく、ひたむきに続けることができるのですか」と問われたら、皆さんどんな言葉で答えるのでしょうか。色々な理由や様々な表現があるにしても、最後には一言、**「好き」**なんでしょうね、に行きついてしまうのではないでしょうか。そうです、「好き」だからこそできることです。しかし、**この「好き」**と言うのが**「強み」**にとって大変重要なのです。２つのキーワード、「好き」と「強み」の深い関係は後に詳しく説明します。

「強み」の寿命と限界・幻想

ここで全く別の角度から「強み」の話をします。仮に、今ここに「強み」があるとします。その「強み」は誰に対してどれほどの期間に渡って通用するのでしょうか。

この企業の、この「強み」は凄い、大変な競争力で追従できない、増収増益はどこまでも続くだろうと社長も社員もそして周囲の誰もが信じて疑わない企業がありました。ところが数年も経たない間に、その勢いと輝きを失った企業を身近に見たことがあります。

ある自然素材の健康食品メーカーの話です。創業者は大きな農家に生まれ、国立大学の農学部を卒業され、知識もスキルも豊富で論文発表の実績もあります。人柄も良く、器も大きくアイディアも大変ユニークな方です。

「農家を豊かにしたい」という純粋な志を持ち、研究に研究を重ね、寝る間も惜しんで実験をし続けた末に、素晴らしい健康食品を開発しました。研究と実験の結果として見いだした製法と製品は、いずれも実にシンプルでありながら市販の前例はなく、この製品を取り扱う販売店・商店に多くのメリットをもたらしました。

ほんの数年で全国に13の営業拠点を展開し、本社工場の生産能力も当初の5倍以上に拡張しました。それでも足らずに、ある県からの強烈な誘致の話に応じて大変な遠距離にも関わらず工場を新設しました。社員数はほんの10数人だったものが数年で２００人を超え、売り上げは毎年2倍・3倍を超える勢いで伸びました。

金融機関も地元の新聞社も一斉に注目したほどの企業でしたが、ある時点から、ほんとに転げ落ちるように業績が悪化しました。「強み」と思われていた製法のシンプルさと、製品への愛情とも言える強いこだわりが足かせになって、ドラックストアチャネルで低価格販売を展開する複数の類似製品（容器の形もラベルのデザインもそっくり）に市場を奪われたのです。

これだけではなく、主要な販売店・商店自体の衰退が急激に加速し、複数の悪条件の相乗効果に見舞われてしまったのです。

その間、何もしていないわけではなく経営戦略のセオリー通り「強み」の自然素材で新商品を開発し、「強み」とする自然素材自体を注目されつつあった別の自然素材との組み合わせも試みました。販売促進の切り口を健康からダイエット、アンチエイジングに変え、販売方法に通信販売を取り入れたりもしました。それでも売上減少は留まる事もなく、坂道を転げ落ちるがごとくの状態に陥りました。

こうした事例が身近に起きると「強み」はいつまでも「強み」ではない。どんなに強力な「強み」も万能でも永遠でもないことを痛感しました。そんなことは当たり前だと言われるかも知れませんが、「強み」が勢いと輝きを放っている時は周囲の誰もが絶賛しそれがずっと続くと思ってしまうのです。

「強み」を創る最善の方法

少し早いのですが、ここまでの「強み」の話を簡単に整理します。

●はじめから「強み」がある会社はない。（例外を除く）

●「企業の存続・成長を阻む壁」を山ほど克服した先に、やっと手に入るものが「強み」である。

●ようやく手に入れた「強み」であっても、いつまでも通用すると限らない。

もし、今まであった「強み」が無くなった時、或いは「強み」に陰りが出てきた時はどうすれば良いのでしょうか。それは、その状態を新たに出現した企業の存続・成長を阻む難問・難題と受け止め、新たな「強み」へと新陳代謝を図るのです。神様からのご褒美のような貴重な「強み」を手にするには、近道も魔法もなく愚直な程の行為・行動の積み重ねだけが頼りです。

先ほどの事例の健康食品の会社は、現在会社規模は大幅に縮小しましたが、通信販売に特化して品質の良さを支持してくれる根強いファンを確保しています。

人気バンド、ドリームズ・カム・トゥルウのヒット曲に、１万回ダメでも１万１回目には上手くいくかもしれない、という歌詞のように「何度も、何度でも」なのです。

それに加えてもうひとつ**大事な条件**があります。それはイメージをお伝えするためにマラソンやゴルフを例えにした、辛く苦しく過酷な「修行・苦行」さえも楽しめる「好き」を、会社経営の中に取り込むことです。

辛く苦しく過酷な「何度も、何度でも」は、容易なことではありません。ところが「好き」な事なら

・目の前の壁を肯定的に受け止め、自社と自分を建設的に否定し
・一つ一つの経験から学び、気づきを大事に積み重ねる事ができます。

そしてより「好き」になれば

・大変なことさえ楽しむ、疲れても悩んでもストレスにはならない、しない。
・やる気がなくなる時もあるけれど、いつの間にかメラメラと湧き上がって枯渇も燃え尽きもしない。

このような内面・内発からの、強くて持続性のある「好き」のエネルギーが過酷さの中のほんのわずかな変化や前進、「微差・僅差」を本当の「強み」へと変えていくのです。

私がお伝えしたい事を実体験による具体例で説明するために、フルマラソンやゴルフに例えましたが、勿論それに限定することではなく皆さんが熱中しているもので良いのです。企業経営はフルマラソンやゴルフとは違う、遊びじゃない。社員とその家族の生活が懸かっているからもっと真剣、ある意味命がけ、悲壮感さえ伴うものだとお叱りを受けるかもしれません。

私にも覚えがありますから反論するつもりは全くありません。しかし、今お話したことは社長お一人の話ではなくて社員と組織の話です。悲壮感漂う状態に社員は進んでついてきてくれませんし、勿論命をかけてはくれません。社員がついてこなければ会社の「強み」を生み出す「何度も、何度でも」はできません。

フルマラソンに参加する一般人は汗だくでボロボロで情けない姿になりますが、ようやく辿りついた42．195キロのゴールの瞬間は誰もがやり遂げ感いっぱいの笑顔になります。

ゴルフも同様で人知れずに続けた何万回のパター練習がロングパターの一打で報われた時は達成感で満たされ「明日も仕事頑張ろう」と、何倍もの**労働意欲に変換**されるはずです。ですから「好き」は、遊びや趣味などストレス解消の手段だけでなく、仕事や会社経営にも通ずるもので、必ずお金にそして**儲けに変換**できるのです。

「強み」ができない「何度も、何度でも」

うちの会社だって、今まで何度も企業の存続の壁を超えて来たよ、だから今も経営できている。しかし未だに「強み」らしきものが見当たらない、それはなぜだと意見を求められたことがありますが、そのような時私は2つのことが考えられますとお応えします。

その一つは、自社及び社員の中に埋もれている「強み」或いは「強み」になり得る可能性を発見・発掘できていないのでないかということです。燈台下暗し、冷静に或いは根気よくどこか一点を凝視し深掘りしてみれば、ないと思っていた「強み」が見つかる可能性は大きいです。

もう一つは、社内の風土・暗黙の価値観として「やらされ感」や「あきらめ感」が蔓延していないかということです。積極姿勢とプラス思考がなければ、難問・難題から「強み」を生み出すことはできません。

「やらされ感」や「あきらめ感」をまとった難問・難題への取り組みは、疲労感が大きく、それが蓄積され、創意工夫の持久力を無くします。それは他責の念や思考停止につながり、手っ取り早い対処療法だけを選択する価値観になります。それを組織全体で共有するので「強み」が生まれないのです。

▼難問・難題が発生する
⬅
▼他人事で他責の念で受け止める
⬅
▼原因究明の根気も粘りもないから
⬅
▼対処療法だけで簡単に済ませてしまう
⬅
▼当然、気づきも学びもないから
⬅
▼どうせ、何も変わらない、変えようともしない
⬅
▼根っこが同じの問題が形を変えて何度も、何度でも起こり、終わりが見えない

これでは「強み」が生まれないのは当たり前です。ですから、甘い事を言っているのでもきれいごとを言っているのでもなく「好き」は社員と組織に必要なのです。

「強み」の量産、新陳代謝・相乗効果

次に「強み」ができない難問・難題へのとり組みとは真逆の取り組み、「強み」が生まれる「強み」創造サイクルを説明します。図3を参照してください。

■企業の成長・存続を阻む壁の出現

どんな会社でも、誰もが知っている超優良企業でさえ、企業成長・存続を阻む壁を経験しています。その壁は次から次へと際限なく表れてきます。

❶難問・難題を歓迎する

どうしてこんなことが起きるんだ、何で顧客はこんな厄介なことを言ってくるんだ、と腹が立つ事態が発生してもグッと踏ん張り、そうは受け取らない。逆に私たちを成長させる、強くする機会だと肯定的に受け止め、やせ我慢をしてでも両手を広げて歓迎する。(但し、言いなりになるということではありません)

❷社員も自分事として、試行錯誤を楽しむ

会社として歓迎した難問・難題を、社員一人一人も自分の知識・スキルを高めるチャンスだと受け止める。簡単にはいかない、すぐにゴールにたどり着けない試行錯誤のプロセ

スにこそ「強み」が埋まっていると前向きに取り組む。

❸「微差・僅差」を**見逃さない**

試行錯誤の結果を「やりっ放し」や「のど元過ぎれば」にせず、ほんのわずかな変化や前進「微差・僅差」を見逃さずに拾い上げて形に残す。

❹「微差・僅差」の**日常業務化**

拾い上げた「微差・僅差」の原因・要因、エッセンスを掘り下げて日常業務に組み込み、「微差・僅差」の分、日常業務を変える。

❺日常業務で「強み」を**育てる**

「微差・僅差」の組み込みを繰り返し、積み重ね「強み」を育てる

繰り返し、積み重ねられる❶～❺により、日常業務自体を「強み」創造サイクルに変えていき、根気よく粘り強く回し続けることで「強み」が量産され、また「強み」の新陳代謝を可能にします。やがて複数の「強み」が共存し影響し合い、組み合わさり相乗効果を発揮にするようになるのです。そこから成長は加速し、ケタ違いの領域に入ります。

少し表現を変えて説明します。

難問・難題に対応するためには、それまでの力量では不足です。そうでなければ難問・

難題にはなりません。力量の不足を補うために「苦行・修行」と同じほどの試行錯誤、知恵の捻出がなされるはずです。そこに、それまでの力量をわずかに上回る「微差・僅差」が生じます。それを見逃さないで拾い上げ、日常業務に反映させるのです。これを繰り返し、積み重ねると「微差・僅差」の集まりとは異なる「突然変異」のようなものが生まれます。或いは閃き、偶然が必然に変わります。それが「強み」です。

人が大きな成長を見せた時「一皮むけた」と言いますが「微差・僅差」が一皮むけると「強み」になるのです。「微差・僅差」が一皮むけて「強み」になる迄の繰り返し・積み重ねを「強み」創造サイクルと言うのです。

この「強み」創造サイクルの**原動力・土台・下地は、ほかならぬ「好き」**なのです。「好き」だからこそ、難問・難題を歓迎でき、試行錯誤の連続も楽しむことが出来る。ほんの少しの変化や前進を見逃さずにノウハウという一歩進んだ形にして、それを日常の実務に反映できるのです。この「強み」創造サイクル＝日常業務そのものが「強み」の量産・新陳代謝・相乗効果の発揮を促進し、平凡な会社のケタ違いの成長を実現させることになるのです。

図３

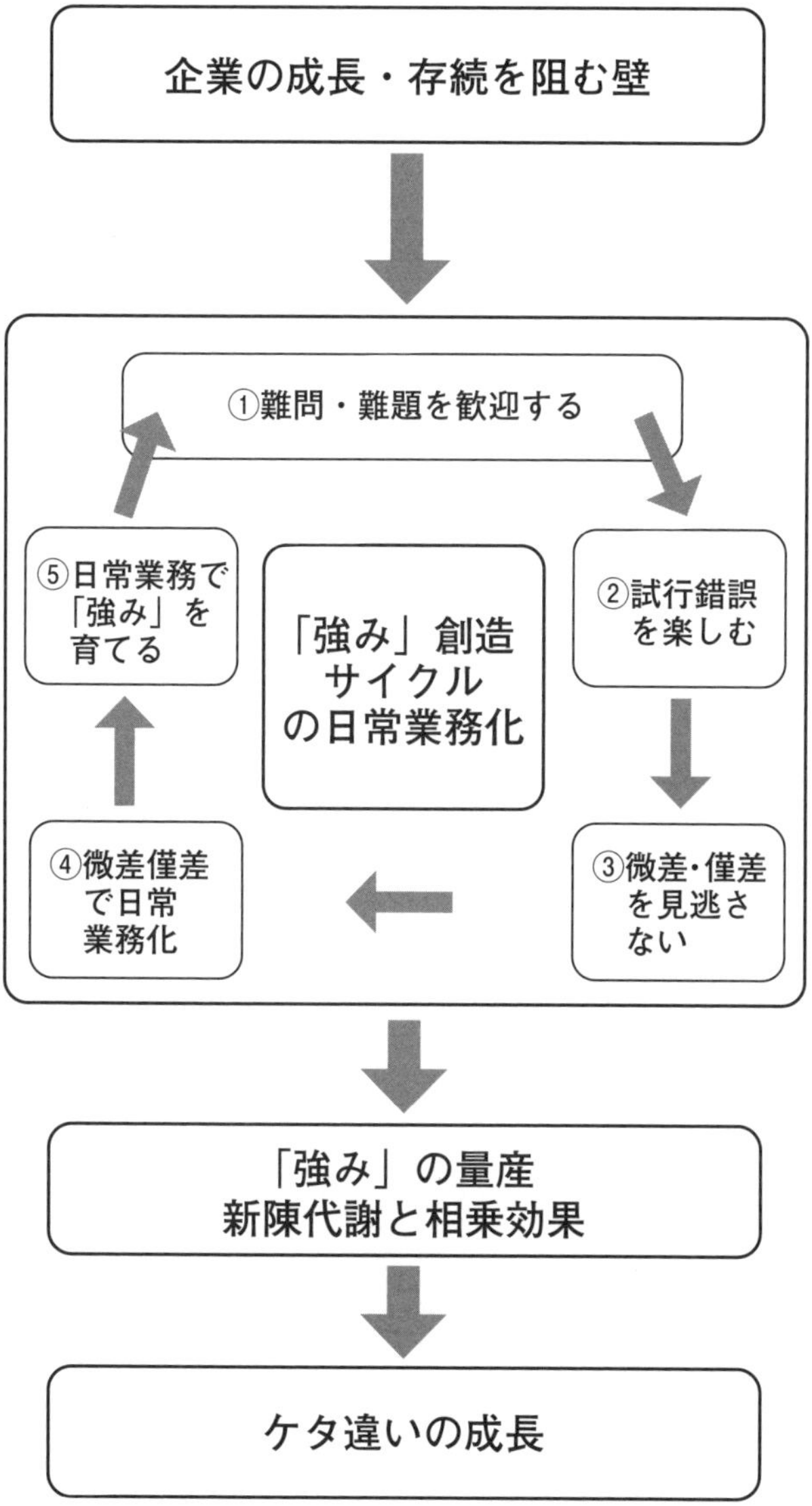
企業の成長・存続を阻む壁
①難問・難題を歓迎する
②試行錯誤を楽しむ
③微差・僅差を見逃さない
④微差僅差で日常業務化
⑤日常業務で「強み」を育てる
「強み」創造サイクルの日常業務化
「強み」の量産
新陳代謝と相乗効果
ケタ違いの成長

生産性も創造性も

生産性と創造性は対立する言葉のように思えますがそれは誤解です。両立できる相性の良い言葉です。

「強み」創造サイクルの①～⑤は一回ではなく何回もやってみて、失敗を重ねて、だんだんと目的に迫っていく愚直な取り組みです。その過程を文字・図・絵にして残します、数字だけでは不足です。

人と人のトラブルの原因に「言った、聞いてなかった」がありますが、それは文字にしなかった為に起きるトラブルです。

気づきや思いつき、ちょっとしたアイデア・発想、或いは考えに考えた上での意思決定も文字・図・絵に残さなかったらどうでしょう。

気がつかなかったのと同じ、思いつかなかったのと同じ、決めなかったのと同じになってしまいませんか。

確かに頭の中にあったことなのに思い出せず、自分が自分に証拠を見せられないのです。

ですから、何もかも書き残すことです。書いたことは書き直しなどせず、書き足すのです。良いと思った考えが後になったら大したことではなくなったり、その逆もあるので思いついた直後の判断を当てにせず全て残すのです。

本書を読み進めて行くと、考え尽くす、考え切る、考え抜くという言葉がたびたび出てきますがこれも同じて、考えを書き残し、書き足すことが大事です。

（尽くす、切る、抜くはほぼ同じ意味合いですが文脈に応じて使い分けます）

そして、考え尽くす迄、考え切る迄、考え抜く迄のちょっとの思い付き、メモ書き程度のこと、或いは、迷い・勘違い・心変わりも全て言葉にして、文字にするのです。

書き残し、書き足したものを後で眺めるように見直すと、別々の段階、別々のテーマで書き残した言葉が意外な組み合わせで繋がることがあり、別な言葉に変換されたりします。その中に「見つけた、ここにあった」という発見・発掘があるのです。思わず涙が出てしまう、嬉しくて眠れない感動がそこにあるのです。

考え尽くし、考え抜き、書き残し、書き足した文字・絵・図という創造物は自社の製品・サービスや事業のあり方、ビジネスモデルにまで影響を及ぼし、その価値を高めます。生産性の公式の分子を産出・アウトプット、分母を投入・インプットとするならば、分子の増大による生産性の向上となって創造性は生産性に変換されるのです。

さらに考え尽くし、考え切れば、これ以上何も出てこない状態ですから、以降は■迷うことが減る ■迷う回数が減る ■迷う時間が減る事になります。分母の投入・インプットが減るのですから生産性は向上します。創造性は生産性の計算式の分子と分母の両面の向上に寄与するのです。

そこまで考え尽くし、限界の一歩先まで考え切った経験はその過程における創造物だけでなく、言葉や文字にもできない何かを社長の中に残します。それは潜在的な状態で存在し続け、重要な場面・局面で顕在化してケタ違いの成長に貢献します。

直ぐではありませんし、いつとは明確に言えませんが、いつか必ずとだけは断言します。

「好き」は儲けに変換できる

「好き」は遊びや趣味などストレス解消手段だけでなく仕事や会社経営にも通ずるもので、必ずお金に、そして儲けに変換できると申し上げましたが、そのことに関わる２つの話を紹介します。

以前、私が20数社の優良企業の創業社長に直接話を伺いに行ったことがあるとお話ししました。その中のお一人で楽器のギターを製造するＦ社のＹ社長を訪問し、そこでお聞きした話です。

現在Ｆ社はギターの世界シェアＮＯ１で、他にも高級自動車の運転席の木製インパネを製造しています。

Ｆ社の創業期に大きな市場を求めてアメリカへの輸出を開始し、それをてこ入れすべく社長自ら渡米した時の話です。Ｆ社長は時間がもったいないので、着いたその足で東京・お茶の水のような、ニューヨークの楽器街を見て回りました。

楽器街の中でもひときわ大きな店のショーウィンドウを覗いたら、自社のギターに１００ドルの値札が付いていて、アメリカ製のギターは４００ドル、ドイツのギターは５００ドル、韓国製のギターは50ドルだったそうです。この差は何だと疑問を持ったＹ社長はすぐさまアメリカのギター工房を訪ねました。そこでは職人がまるでロック歌手、肩まである長い髪、派手な服装でギターを楽しそうに作っていました。そして、仕事時間が終わるとサササッと片づけをして、小さなコンサートホールに行ってギターを演奏していたそうです。

次にドイツまで行き、ギターの工房を訪ねたそうです。Y社長が日本でギターを作っていると話すと、技術を盗みに来たかと警戒されるかと思っていたところ、予想外に大歓迎されました。

「俺のギターを弾いてみてくれ、感想をきかせてくれ」とギターを渡されたのですが、Y社長はギターが弾けません。ボロンポロンと弦を少し弾いて「いい音だ」と言うと大喜びで、これも見てくれとギター職人のマイスター認定書を取り出してきたそうです。それから自分のギターに懸ける情熱を仕事中にも関わらず、時間を忘れたように語ってくれたそうです。

さらにY社長は韓国のギター工場にも行きました。そこで見た風景はアメリカやドイツとは全く違っていたのです。大勢の工員を棒を持った監督らしき人が威嚇でもするかのように監視し、工員は無言で黙々と無表情で作業をしていたそうです。

Y社長はアメリカの職人には仕事に対する楽しさ・明るさを感じ、ドイツの職人にはプライドを、そして韓国の工員には悲壮感を感じたそうです。

そして、誰がどんな気持ちでそのモノを作るかで値段が違うんだ、自社はどうかと考え、社員がプライドを持てて、楽しく仕事ができる会社にしようと思ったそうです。

楽しく仕事をする、プライドを持って仕事をする、そこには仕事が「好き」が存在し、その「好き」が**ギターの機能や付加価値を高め、価格差になっている**と考えられないでしょうか。**「好き」が儲けに変換できる**と申し上げたのはこのような理由からなのです。

もう一つのエピソードを紹介します。これは私のクライアントの社長から聞いた話です。

私のクライアントは食品物流会社の社長ですが、荷主の１つである食品スーパーの建設途中の新店舗に訪問した時の話です。

建設中の店内で社員数人が店内フロアとバックヤードの境目で、盛んに議論していたそうです。どんな内容で議論をしているのかお尋ねしたところ店舗の構造上、店内フロアに対して厨房がわずかながら高くなってしまう。それは、お客様より高い所で作業をすることになり、お客様に失礼ではないか、ということだったそうです。

僅か数センチ、しかしそれを修正するには多額の費用が掛かります。普通なら議論にはならないようなことを真剣に話し合う様子をみて、この食品スーパーの凄さを再認識したそうです。

「安さ」を売りにはせず、「楽しい食事のシーンを提供する」魅力あふれるお店です。勿論、高業績であることは言うに及びません。

私は当社の小集団活動の発表会を特別に見させていただいたことがありましたが、まさに涙と感動の祭典でした。パート社員を含めた全社員に仕事と会社が「好き」が溢れていて、それがお客様からの絶大な支持に繋がっていると実感しました。

「強み」創造に必要な3つの「好き」

ここまで、**「強み」と「好き」の因果関係**を説明してきましたが、次に企業経営における社員の「好き」の対象は何かについて詰めていきます。

社員の内面・内発の積極性やプラス思考を引きだす「好き」の対象は仕事だけでなく、実は３つなのです。

1．**仕事が「好き」**…この仕事が楽しくてやりがいを感じる、辛くてももっと腕を磨きたい、極めたいと自然に思える、過酷さは自分の「成長機会」だと歓迎できる。

2．**会社が「好き」**…前向きになれる、競い合える、磨き合える、助け合える、孤独にならない、客先から会社に帰ってきたらほっとする。おはようございます、お疲れ様の言葉が自然に出る。誰かが休むと心配になり他人事と思えない。

3．**社長が「好き」**…怖いけれど声をかけられたら嬉しい、多少の自慢話やお説教覚悟で飲みについて行きたい、叱られても感謝できる。喜んでもらえると嬉しい。かっこ良さでもなくカリスマ性でもなく人柄が好きで、信頼できて尊敬できる、などなど。

3つも必要ないだろ、仕事だけで十分だろうと言う意見が聞こえてきそうですが、多少の強弱はあるにしても3つが必要なのです

「好き」は単独要因ではなく**環境との相互作用**によって、その人の内側で自然に認識されるものです。環境とは職場であり仲間であり、社長です。(職場と仲間を合わせたものが会社です)

大企業ならともかく中小企業では、同じ職種の同じ内容の仕事であっても、環境、すなわち会社と社長次第で好きにも嫌いにもなるのです。

仕事と会社と社長が「好き」と「愛社精神」との違い

仕事と会社と社長が「好き」に近いニュアンスの言葉として「愛社精神」があります。愛社精神が企業経営に関連して盛んに使われていたのは昭和の時代ですが、勢いとバイタリティーを感じる反面、「会社に依存し、会社に縛られる、家庭を顧みない暗い」感じがぬぐえません。

私の父は昭和40年代に起業した中小企業の社長でした。仕事、仕事で毎日の帰宅は深夜零時を回ってしまい、私の家は母子家庭のようでした。ですから愛社精神に対して良いイメージが持てないのです。

「愛社精神」は会社へ絶対的な忠誠を尽くすことで、それと引き換えに会社に生活を守ってもらう、交換条件的な意味合いもありました。それでも仕事に対する情熱や会社への帰属意識は相当強く、これが原動力になって日本製品の素晴らしさを世界に認めさせたといっても過言ではありません。社長は社員を家族のように大事にし、家長の如く恐れられ尊敬されていました。こういった面では、仕事と会社と社長が「好き」に近いものがあります。

しかし、仕事と会社と社長が「好き」は、絶対的な忠誠心を求めはしないし、束縛もありません。雇用契約を意識させない自由意思による「好きで選んでいる」状態であり、そこが大きな相違点と言えます。

仕事と会社と社長が「好き」と「エンゲージメント」の違い

最近よく耳にする「エンゲージメント」という経営用語があります。

どんな意味なのかを調べてみますと、一定の定義はなく、その一例として「組織や職務との関係性に基づく自主的貢献意欲」(組織の未来はエンゲージメントで決まる。英治出版)とありました。

この言葉にワークを付けたらワーク・エンゲージメントになります。「仕事に誇りを持ち、仕事にエネルギーを注ぎ、仕事から活力を得て活き活きしている状態」(ワーク・エンゲージメント入門　星和書店)とあり、これは厚生労働省の白書の中にも取り上げられていました。

仕事に対する考え方や意識・姿勢は、仕事と会社と社長が「好き」に似ていますが大きな違いが1つあります。エンゲージメントには社長への思いが前面には出ていないのです。もともと大企業の働き方改革で注目されるようになった言葉ですので、社長の存在が雲上或いは雇われ社長が多い大企業では社長が「好き」は意識されません。(但し、例外的な企業もあります)

ですから、もっと条件の良いオファー、キャリアアップが期待できる転職の話に惹かれるのはエンゲージメントでは肯定されます。

しかし仕事と会社と社長が「好き」では、替わりがきかない社長の存在がありますので好条件のオファーは無力です。

このように類似の言葉の解説を入れたのには理由があります。「仕事と会社と社長が『好き』って、愛社精神とかエンゲージメントと同じだろ」と上辺の印象だけで解釈していただきたくないからです。これらは明らかにそれぞれ**似て非なる**ものなのです。

仕事と会社と社長が「好き」を培う仕組み

仕事と会社と社長が「好き」は社員や組織の積極姿勢やプラス思考を自然発生させることを狙いとするものなので、創るや構築するより、醸し出すや醸成するような日本酒の香りや味に使われる表現が合っています。他に豊かな土壌で作物を育てる表現としての「培う」も合っています。

「好き」というと感情・感性的な言葉なので、それを「培う」方法も「精神論」ではないかと思われるかもしれませんが、そうではありません。むしろ「組織―システム思考」との相性が良いのです。

精神論は、仕組みや仕掛けを介さず叱咤激励、言葉中心の意識付け、動議づけです。それは心と心との直接的な交信・交流で、想いのたけや熱量の瞬間的な伝わり方は良いのですが、次のようなデメリットもあります。

●同じ言葉でも、話す側と聞く側が同じことを同じように理解しイメージするとは限らない。受け止め方や理解のバラつきを考慮して、念には念を入れると話がくどくなり、聞く側から敬遠される。

●時間の経過とともに記憶は薄れるので「口が酸っぱくなるほど」繰り返さなければならず、伝える側の負担が大きく、相当な持久力が必要となる。

●伝えたいことの根っこは同じなのに、理解しやすい様にと角度や事例を換えて話をすると、別の話に変わったと誤解され、話がコロコロ変わると非難される。

●伝えたい側の想いと、伝わる側の受け皿の温度差が大きいと、伝える側の行為は善意からのものであっても、押し付け、強要と受け取られ、かえって人間関係を悪くする。また、伝えたい想いの強さが威圧的な態度、言葉として現れてしまい不本意にもパワハラだと誤解される。

一方「組織―システム思考」、仕組み・仕掛けの活用には次のようなメリットがあります。

●目的を明確にしそれが共有できる最善の手立てが自動的に同水準で実行されるので持続性があり、伝える側の伝え方と内容のブレとバラつきもなく、また伝える負担が大幅に軽減する。

●自動的な繰り返しの刷り込み効果で、忘れと理解度の個人差を軽減・防止できる。

●仕組みや仕掛けを介するので、伝える側・意図する側と聞く側の直接的なやり取りではないため、行き過ぎた誤解も人間関係の悪化にもなり難い。

仕組みと仕掛けで働きかけることのメリットを分かり易くお伝えするために『子供に歯磨き習慣を身に付けさせる』という課題で「精神論」と「組織―システム思考」で比較してみます。

●「精神論」

・歯磨きをしているかどうかに目を光らせていなければならないので、監視側に負荷がかかる。

・何度言ってもなかなかできない場合は我慢できずに、子供のためと言いつつ強く怒ったり、何らかの罰を与えて、かえって親子関係を悪くすることもある。

・どれだけ守っているかも見逃しやすく、客観的な記録がないので褒めるタイミングを失う。

●「組織―システム思考」の仕組み・仕掛けの例

・正しい磨き方を絵にして鏡の前に張って、歯磨きは鏡の前ですると言う約束事にする。

・綺麗に磨けたかどうかのチェック方法も掲示し、終わった時は毎回チェックすることも約束事にする。

・望ましい歯磨き時間は最低3分だとして洗面台に砂時計を置く。
・実行度合いがすぐに分かるように、また簡単な自己判断ができるよう「〇×△」の評価をカレンダーに記録をさせる。
・一定期間の〇の数でご褒美をあげる。
・歯磨きが「好き」になるように、しっかり磨いた白い歯の笑顔の写真を毎年撮って、フォトフレームに入れて成長の記録とする。過去の自分と比較させる。

但し、成果に対してのご褒美は効果の即効性がありますが、モノで釣るという手段（外発的動機づけ）ですので、効果の持続性を維持するためにはだんだん高額になるかも知れません。

写真にして自分の白い歯が維持されていることの価値を感じさせるのは、内面への働きかけ（内発的動機づけ）で効果の持続のためのコストは掛かりません。勿論外発・内発両面の仕組み・仕掛けの組み合わせが最も有効です。

『子どもに歯磨き習慣を身に付けさせる』を課題にして「組織—システム思考」の一例を示させていただきましたが、なんだ子どもの話、子供だましかと思った方はいませんでしたか?実はそうとも言えるのです。人は誰でも子どもだったのですから、子供だましが通用するのです。

いずれにしても仕事と会社と社長が「好き」を培うにも、内面・内発の取り組み（内発的動機づけ）と、ご褒美=インセンティブ（外発的動機づけ）との組み合わせが有効な場合が多いのです。

しかし、こうしたことを、単なる思い付きや他社の真似では意図した効果が期待できませんし、長続きもしません。自社なりの目的・狙いを明確化した上で仮説と検証という「理詰め」で進めていくことが重要です。詳細は第五章で解説します。

辞めたくない会社、辞めたら損だと思われる会社

３つの「好き」を下地とした「強み」創造サイクルを回すことで「強み」が量産され、新陳代謝し、相乗効果を発揮することで会社はケタ違いの成長を実現できると申し上げてきました。

私がこのように言えるのは、コンサルティングを通じて中小企業の社長が「何度も、何度でも」企業の存続・成長を阻む壁を超える姿を見てきたからです。その姿に触発され私自身も「何度も、何度でも」自分の壁を超えてきた実感があるからです。

私も駆け出しから10年位迄はオーソドックスでベーシックな経営戦略理論と手法でコンサルティングを実施していました。その中心は経営計画（中期も含む）の策定支援とその実行促進です。特に実行促進支援では、立てた計画の実行を熱く激しく迫る外圧的存在となったり、場合によっては社長の代弁者の役割を必死に果たしてきました。

会社の規模や業種に関わらずどんな会社でも、強弱の差はあっても「やらされ感」の壁が存在しそれが一番の難問・難題でした。

難問・難題を打破すべく、コンサルティングの仕事をしながら、同時に自分自身の理論

武装・能力強化のために専門分野の国家資格を取得し、ビジネス・スクールや大学院にも通いました。

経営理論や管理手法も変化・進化していて、それを知らないのと知ったうえでのことでは大きく違うと考えたからです。

そんな実践と研究との試行錯誤の中、クライアントの社長から「経営計画も人材教育も、**辞めたくない会社**にしないと徹底できないよな」。また「組織開発とか表彰制度と言っても、上が下を上手く動かそうとするマネジメントの範囲から出ない限り、社員のやらされ感はぬぐえない」ということ、さらに「結局、社員のためだと言っても**本心が会社都合**であれば、それは社員に見透かされるよ」と言われて、大変な衝撃を受けました。

ブランド力、知名度、充実した福利厚生、高い給与水準で誰もが憧れるような大企業であれば「辞めたくない、辞めたら損」が山ほどあります。制度やルール何でも徹底できるし、目標達成の厳しい進捗確認も社員は当たり前のように受け入れてくれるはずです。

社員研修は人材育成というより、人財選抜。育てるのではなく、ふるいにかければ良く、ついて来れない社員が辞めても新卒社員がいくらでも入ってくる。しかし、中小企業はそうはいきません。

経営計画を徹底しようにも「仕事が忙しくてできませんでした」と言われて「ふざけるな、これも仕事だ」「管理職なのだから、少しは実務から離れて管理職の仕事をしろ」と言ってもプレイングマネージャーは従ってくれません。それを理由に降格でもしたら、会社を辞めると言い出しかねません。

研修に行けと言ってもなかなか行かない、無理やり行かせても、何を学んできたか分からない。自己啓発は望むべくもなく、厳しく接すると「それじゃあ会社辞めます」では手立てがなくなります。

この程度の会社ならどこにでもあると思われている限りは、「会社辞めます」に振り回され、会社のレベル、社員のレベルを上げることを諦めなければなりません。

それでは**「辞めたくない会社」**とはどんな会社なのでしょうか。

モノで例えれば、無くしたらもう二度と手に入らない、代替品がない、その人にとって大変な希少性があるもの、それが会社なら何かという事になります。

すぐに思い付くのは高額な給与や多くて長い休暇・休日などの労働条件ですが、代替がきかないほどではないです。職種・仕事の特殊性も考えられますが、代替がないほどの希少性ある職種は限られてしまいます。

他には、社員を厚遇する多彩な制度が考えられますが導入しようと思えばそれは可能ですし、どこかの会社の好事例を真似することもできます。

労働条件や制度など外から見えやすいもの、形あるものであれば程度の差はあっても代替は充分可能なはずです。

代替できないもの外から見えにくいもの、真似ができないものとなりますが、それは何かをつき詰めるのです。正解はありません、創るのです。

●人間関係が良くて働きやすく仲間との繋がりが楽しいなど、職場の風土・雰囲気が良いこと。

●同じ仕事であっても他社とは全く違う気持ちになれる、働き甲斐やプライドが持てること。

●自分を高め、成長できて、存在感を認めてもらえること。

●こんな人になれたらと思える上司・先輩がいること。こんな人のところで働きたいと思える社長がいること。

これは確かに代替できません。

このように「辞めたくない会社」を書き出していくと、仕事が「好き」で会社が「好き」で社長が「好き」の状態や条件と合致し、「辞めたくない会社」＝仕事と会社と社長が「好き」が成立するのです。

第3章の後半はこの**3つの「好き」を培う仕組みを構築・導入**して、ケタ違いに成長した企業の実例を紹介します。３つの「好き」を培う仕組みは、**実は5つの仕組み**で成り立っていて、その中心的な役割を果たすのが「自主管理経営報告書」という**帳票**とその**運用法**です。

詳細は第5章で説明しますが、これからの実例説明・解説のなかに「自主管理経営報告書」という言葉が出てきますので、それはそういう役割のものかとご理解いただき、読み進めていただくようお願いします。

99億から500億、ケタ違いに成長した物流会社の小さな奇跡

私は私自身の独自性確立のために、3つの「好き」を培う仕組みと仕掛けの体系化に取り組み始めました。丁度そんな折に、A物流会社（ここからはA社と言います）のY会長から連絡が入り、なるべく早く会社に来て欲しいとの依頼を受けたのです。

早速A社に伺うと、ブラックスーツが怖いほど似合っているY会長に出迎えていただき、緊張気味な雰囲気の中で本題に入りました。

「実は先日所長会議があったのだが、所長たちがあまりに情けないので3時間も説教してしまった。その後味の悪さを今も引きずったままで気分がすぐれない。」ということでした。

そして、独り言のように「俺はね、こんな思いをするために会社をやってきたんじゃないんだよ。ドライバーはひと昔前なら『運ちゃん』と言って、世間から軽く見られていた。最近少しはましになってきたけれど、まだまだ社会に認められた存在とは言えない。うちの会社だって食品物流に特化してきたと言っても特別なノウハウがある訳じゃないし、物流業界全体からみれば小規模事業者だよ。」（売上高99億なのに）と。

Ｙ会長の話はさらに続きます。「俺は物流業界、ドライバーと言う仕事の社会的な地位をもっと上げたいし、会社も世間から認められる規模にしたい。それなのに所長たちは『やらされ感』のオーラを出している。それが悔しくて情けなくてずっと気分が晴れない。」との事でした。

この時の会話の中に出てきたのが「辞めたくない会社」や「上が下をうまく動かそうとするマネジメント」なる言葉であり「本心が会社都合であれば、それは社員に見透かされるよ」だったのです。それらは皆Ｙ会長の言葉でそれに衝撃を受けつつも、自分独自の考えとしての、仕事と会社と社長が「好き」に通ずるものだと感じたのです。

体系化を進めていた仕組みをベースにコンサルティングを企画・提案させていただき、Ｙ会長と役員会議の承認をいただきました。

早々に社内に推進チームを作り、まず取り組んだのは体系化を進めている**３つの「好き」を培う仕組み**の中心、「自主管理経営報告書」という独自な月次業績報告書の設計とその運用でした。

推進チームの取り組みは難航し遭難寸前でしたが、推進チームの中にＹ会長の後継者で現社長のＭさん（ここ以降はＭ社長とします）が加わったことで取り組みに力強さが加わりました。

M社長は係長から取締役営業副本部長、専務取締役営業本部長、代表取締役専務、代表取締役社長へと猛スピードで駆け上がって行くことになるのですが、どんなに忙しい時でも推進チームの時間を確保してくれました。

やがて「自主管理経営報告書」の仕組み構築が一応完了し、全社・全拠点への導入開始です。覚悟はしていたものの運用は順調には行きませんでした。いろいろな問題・課題が発生し試行錯誤の連続で、コンサルティングと言うよりM社長と私との「新しいマネジメントシステムの共同開発」状態でした。

発生する問題・課題に対しきめ細かく対策を講じ、その成果を確認しては仕組み自体を強化、或いは変更していきました。その一つ一つがノウハウであり「強み」になっていきました。

それは、少しの変化、微差・僅差を積み重ね独自なノウハウとも言える「強み」を創り、次第に相乗効果を発揮する「強み」創造サイクルそのものでした。

現在A社の売上高は500億到達間近です。「自主管理経営報告書」は今も尚A社の拠点経営の基幹システムとして運用されています。

持続的な競争力となる「誠実」という企業文化

私がA社を支援していることを知っている友人からA社の評判が続々と届きます。

■夜10時過ぎにジョギングしていて、道路を渡ろうと横断歩道に立っていたら、他の車は減速しないし止まりもしない。A社のトラックは必ず止まってくれる。一度や二度の事じゃない。（製造業社長）

■夕刻にファミレスに行ったら荷物を運んできたA社のトラックが止まってドライバーが降りてきた。すぐ横を歩いたら「こんばんは、ご迷惑お掛けします」と挨拶されて驚いた。（私の家内）

■A社のトラックは高速道路で良く見かける。目立つデザインなのですぐに分かる。いつでも一番左の車線を80キロで走っている。いつ見てもそうだ。安全運転の徹底ぶりは奇跡としか言いようがない。（社会保険労務士事務所長）

■高速道路の駐車場でも良く見かけるが、他社のトラックには「輪留め」がされていないのに、A社のトラックは１００％されています。（サービス業女性経営者）

成果・結果と言うと拠点数の拡大や売上高や利益率などの財務数値に目が向きますが、このような成果はそれ以上の成果と言えるのではないでしょうか。

これらは真似しようとしても簡単には真似のできない「誠実」という企業文化であり、この企業文化の効果は汎用性があって、しかも競争力としての持続性があるからです。

A社には営業部門がありませんが、業界内で「A社は信頼できる」との評判が広がっていてお客様からの紹介も多く、全国の優良企業からのオファーが絶えません。

A社に導入している3つの「好き」を培う、もう一つの仕組みに「企業内大学」があります。（詳細は第5条）。社員教育・人財開発の内製化の仕組みです。企業内大学受講の為に、全拠点から社員が集まってきます。その中の大手物流会社からの転職組のメンバーが「オレ、何社も物流会社を経験してきたけれど、この会社に来て初めて愛社精神みたいなのを感じてる、もう辞めたくないね」と話しているのを聴き驚きました。A社がまさに「辞めたくない会社」になっていることを実感したのです。

かつてはそこかしこにあった「やらされ感」は、A社のどこを探しても見つけることはできません。それどころか仕事と会社と社長が「好き」と、他社を圧倒する「強み」を至る所に見つけることができます。ケタ違いの成長は今も持続し、加速しています。

熱烈中華のラーメン魂

店舗数200店一部上場企業のH中華料理チェーン（以下H社）から、「会社に来てくれ」との連絡が入り、ユニークな形状でガラス張りのビルに伺い、5階の会議室に通されました。

お会いしたのは、H社のK会長（創業者）とT社長とTB専務、人財開発部長のIさんでした。月並みな挨拶を交わした後の雑談が、私にとっては異次元だったので大変驚きました。ビジネス系の人気番組、カンブリア●●とかガッチリ■■とかのテレビにK会長が出演した時の話でした。

驚きの雑談がひと区切りした時「物流のA社の社長から聞いたのだが、御社がコンサルティングしている仕組みはいいらしいね」とK会長から言われました。

そこで資料を見ていただきながらコンサルティング内容の説明をしたところ「まさにそういうのがうちは欲しかった」と言ってくれたのはT社長でした。それから次のような話になりました。

「現在当社の店舗数は２００店を超えてきている。こう多くなると店長一人一人、店舗一店一店が見えにくくなる。月に一度の全店長を集めての会議では会長と私が全社的な業績の話や経営環境の話、そして人として大事な物の見方・考え方の話、後は地区毎に別れて地区長が仕切る会議になる。そうなると私との間に距離ができて会議の後の懇親会でも、私の周りには「怖い」と言って店長が集まってこない。それがたまらなく寂しい」とおっしゃっていました。

また、「売り上げや利益の状況はデイリーで見ているが、数字だけじゃわからないことは多い。だから、A社の話を聞いて是非うちにも入れたいと思った」との事でした。

直ちに翌月から、地区長（20、30店舗をフォローするスーパーバイザー的な役割）12名による推進チームがスタートしました。

H社の地区長は全員が優秀且つ真面目な方たちばかりなので課題がどんどん進みました。その中でも積極的な4人の地区長とは、都内のお店のバックヤードで野菜たっぷりタンメンを食べながら何度も打ち合わせをしました。

数カ月の後、H社独自の３つの「好き」を培う仕組みの中心である月次業績報告書と運用ルールが完成し、直ちに全店長２００名が集まる会議で推進チームのメンバーによる説明会が行われ、次月度から稼働することになりました。

私は200店一斉に導入せずにモデル店舗を設定し、発生する問題に対策を打ちながら、徐々に増やして行きましょうとお勧めしました。実は各店長への負担が心配で仕方なかったのです。

各店長は主に厨房を担当して、休憩時間以外は重たい鍋で何百回それ以上にチャーハンやレバニラ炒めなどを調理します。手の疲れは相当なものだと推察できます。また、お店では油を使うし、首都圏駅前立地にある店舗のバックヤードは休憩室と更衣室でパソコンを置くスペースは充分ではありません。したがって、当社独自の月次業績報告書（H社では自主管理経営診断書と言う名称を付けています）は手書きで作成しなければならなかったからです。しかし、推進チームのメンバーは当然のことのように「大丈夫です」と言い切りました。

恐らく期限内提出と充実した記述は期待できないものと覚悟していましたが、予想に反して200店すべての店舗から期限内に「自主管理経営診断書」は提出され、しかも丁寧な文字でびっしりと書かれていました。

お客様の事、スタッフの事、衛生管理や鮮度管理の徹底状況の報告が手抜きもなく、詳細に書かれていました。この会社の底力を見るようで驚き、感動しました。

社長と全店長の交換日記

提出された自主管理経営診断書は直ちにエリア別に４名の担当部長に振り分けられ、担当部長は３日間の期限で内容を良く読みコメントを書き込みます。

その次に全店の、自主管理経営診断書の束がＴ社長のところへ届き、Ｔ社長は全てに目を通し、判子を押して地区長経由で各店舗に返します。

このやり取りを「社長との**交換日記**」と言って社長も店長も大変楽しみにしています。（実際は月１回で日記ではありません）部長のコメントもきめ細かく、助言、指示、ねぎらいと勇気づけとで愛情に溢れています。

Ｔ社長はこのやり取りについて、こうおっしゃっています。

「自主管理経営診断書は書くのも読むのも確かに大変だ。しかし、臨店（店舗を訪れる事）や会議では見えないこと、分からないことが、これから見えてくる。そこが凄くいいのだ」と。

また、「遠く離れていても、それぞれの店舗の様子が手に取るように伝わってくる。店長は元気か、スタッフと上手くいっているか、パートや、アルバイトの皆が頑張っているかも分かる。店長やスタッフの**笑顔や声・気持ちが文字と数値**になって、『社長見てください』と言ってくる。それを読みながら、うちの社員は何て素晴らしいのだと感動し、誇らしい気持ちになる」とおっしゃっていました。

自主管理経営診断書を導入してから約8年、H社の店舗数は400店を超えています。T社長は全く手抜きをしないで全てに目を通し、判子を押しています。それを店長は楽しみにして、自身も丁寧に心を込めて書いています。「社長との交換日記」はもはや文化となっています。

T社長は売り上げや利益率以上に、店長やパートさんの定着率が上がったことや顧客アンケートの点数が良くなったことを評価します。財務の数字は「過去の数字」、定着率や自主管理経営診断書の色々な数字は「未来の数字」、そして追いかけるべきは「未来の数字」だと強調します。

しかし、最も喜んでいただけたのは店長会議後の懇親会での変化です。店長たちが社長を囲んで「社長コメントありがとうございます。また、頑張ります」や「来月はもっと頑張りますから、見てください」と集まってくれることでした。もはや、T社長の周囲は危険地帯ではありません。社長を真ん中に集まる店長の輪が幾重にも重なります。みんな笑顔で、社長と会社が「好き」で勿論仕事も「好き」が溢れています。

異業種からの転職者・新卒が集まり若手人財が活躍する葬儀社

社長は医大卒、あえて真逆の葬儀屋へ

Ｋ葬儀社、現在９拠点、社員数約50人。社員の３分の２を35歳以下の異業種からの転職者と新卒社員が占めています。二代目のＵ社長は医大卒なのですが、先代社長（父親）の反対を押し切って家業のＫ葬儀社（以降はＫ社とします）に入社しました。

初めてお会いした頃Ｕ社長は代表を就任したばかりで、仏具販売兼事務所の本店と葬儀施設の２拠点、社員数はご両親を入れても10数人程でした。

Ｕ社長は医療と葬儀、「生と死」まるで対局の立場を経験された方なので、葬儀に対する捉え方、それを施行する自社の仕事のあり方についても葬儀業界の常識にはとらわれない、奥行きの深さを感じます。外見もダンディな役者のような方で、誰も「葬儀屋さん」とは分からないと思います。

Ｕ社長のお考えを要約すると次のようになります。

●今はどんな葬儀するかの決定権は喪主から、故人になる以前の**本人**に移りつつある。事前相談・生前予約は**自分史の締めくくり**「終活」の一環となっている。

●但し、葬儀の価値観や形態が変わったとしても、やり直しのきかない大事な「場」であることに変わりはない。
●喪主は悲しむ間もなく、親戚や故人の友人・知人の弔問に対応し心身の負担は大きい。そんな喪主に心を配りつつ、「式」としての尊厳を保ち参列者へのおもてなしも万全が必須となる。
●私たちサービス業はスタッフの一言、ひとつの行為・行動、表情までもが「商品」。しかも、それが向けられる対象者で受け止め方が変わる。一方的ではなく双方向での関係性をどう判断するか、優しさと冷静さを兼ね備えた微妙なセンサー感覚が求められる。
●社員には豊富な知識、精度の高い技術も勿論大事だが、想像力、柔軟性、コミュニケーション力などの人間力が求められ、さらにものの見方、考え方の素直さ、誠実さなどの人格能力が問われる。

U社長からの依頼はこうしたことを踏まえ、当社独自の、顧客から支持され、社員に遣り甲斐と成長機会を提供できる経営の仕組みをつくって欲しいという難問・難題でした。

自分たちで仕組みを創りながら、自分と会社を進化させる

私のコンサルティングは社内に若手管理職を中心とするメンバーで推進チームを結成していただき、そのメンバーと一緒に仕組みを構築する形態を敢えて採っています。「人」に関わる経営の仕組みは生産設備やＩＴシステムのように、インストラクターによるオペレーション研修を受けて導入するのではうまくいきません。大企業のように専任担当者が置けるのであれば良いのですが、中小企業の場合はそうも行きません。

この進め方は「自分たちの会社の仕組みは、社員が自分たちで作るのがいい」と言うＵ社長の考え方とも合致します。

推進チームの主体となる管理職は「４番でピッチャー」のような存在ですし、プレイヤー８割マネージャー２割のプレイングマネージャーですから、試合という実務は強いのですが仕組み作りなどのマネジメントは不慣れであり苦手意識を持っています。

そういうメンバーに対して私は手抜きができません。この人達が会社の将来を支える存在として10年先20年先も、社長と会社に頼られる人財になって欲しいという強い想いがあるからです。

さらに、体系化された仕組みを自分たちが主体となって作ったといっても、そのまま全てが自社に適合することはなく、導入時点以上の運用しながらの見直し・強化の造り込みが重要です。

このプロセスが社員に自社の仕事の本質は何か、自分たちの提供価値は何かを深掘りさせ、人格能力をも磨く機会にもなるのです。

こうしたことを継続し深化させていくには、仕組みの開発に携わった人の存在が必須ですし、それが成果の**持続性**にも大きな影響を及ぼすのです。これがコンサルティングを通じて、会社に合った仕組みだけではなく、仕組みを動かすことのできる人財の両方を残すことにこだわる理由です。

やがてK社の社長の考えと構想を踏まえた、K社オリジナルの自主管理経営の仕組みが完成し、全社員を集めた推進チーム主催の説明会が行われました。

私のコンサルティングを「野球部の千本ノック」とか「会社訪問型、地獄の特訓」と揶揄していた若手管理職が別人のようにきりっとして、お見事と絶賛にしたくなるほどの説明会を実施しました。

この仕組みは、導入後数年が経過していますが、社員自らの手で毎年の見直し・改善が図られ浸透度を増しています。試合という実務は強いがマネジメントは不慣れで苦手意識を持っていた推進チームのメンバーのＫさんとＴさんの成長は著しく完全に二刀流の経営陣になっています。

頼もしい二刀流のお二人はさらにその下の世代を育成します。普通は考えにくいことですが、入社して２・３年の新卒者や異業種からの転職社員が、経営理念を踏まえた言葉を自然に自分の言葉で口にするようになるのです。

法人設立から30年で２拠点の経営規模であったものが、仕組み導入から５年足らずで９拠点へと拠点展開を達成しています。さらに拠点がただ増えただけではなく、拠点間の競争意識も、良好なコミュニケーション、高い協働意識の連携も抜群でそれが持続し「強み」になっています。まさにケタ違いの成長と言えます。

Ｋ社の強化された競争力は主力施設のすぐ横に、大手葬儀社の会館が建設されることで証明されることになります。ほんの数メートルの所に豪華で大きなホールと、互助会という強力な顧客囲い込みの武器を持つ大手葬儀社が進出してきたのです。これはさすがに大きな脅威でした。

しかし、U社長は「大丈夫、施設の豪華さより、心だよ」と笑い飛ばし、売上げの減少をわずか3カ月で跳ね返し、社員は大手の脅威を良い経験、自社への自信に変えてしまいました。

K社の躍進はこれだけではありません。直接の競合はしませんが、隣接する都市の老舗葬儀社をM＆Aで傘下に加えたのです。その会社の社員全員の雇用を維持し、K社とは全く異なる営業方法を直ちに否定することもせず、ゆっくりと確実にK社らしさを伝えています。その責任者は推進チームの一人Tさんが抜擢されています。

社長は自主管理経営の仕組みを導入してから「皆がやって欲しいことをやってくれている」と社員を評価・信頼し、社員は社長が好きでたまらない様子で、U社長が飲みに行くぞと声を掛けると皆喜んでついていきます。

介護施設はどこでも「利用者様に寄り添う」と言うが

介護事業の一形態である有料老人ホーム６拠点を展開するK介護事業者（以降はK社と言います）のY社長が、私のセミナーに参加してくれたのは３年前でした。

私の話にうなずくでもなく、笑って欲しい所で笑ってくれるでもなく、ただただ真剣なまなざしで参加してくれた方でした。セミナー後に会社に来て欲しいとの依頼があり訪問して話を伺いました。Y社長との打ち合わせ内容を要約すると次のようになります。

●社員教育は介護制度や介護技術が主でややマンネリ化している。施設長へのマネジメント教育はできていないし、部下の育て方の教育もやれていない。その類の研修をやっても職員は関心を持って参加してくれない気がする。羽鳥先生のコンサルティングは拠点長に経営者意識を持たせると同時に職場の一体感を高め、レベルアップが図れると判断し、是非導入したいと思った」とのことでした。さらにY社長の話は続きます。

●介護サービスは形がないから個人ごとに違うのは当たり前、教育で均一化を図ろうにも形がないので手取り足取り、時には背中を見せて教えるしかない。そうなると誰が担当するかで利用者さんへ提供するサービスが変わってしまうが、職員には自分自身が商品だと言う自覚は無い。業界内では個人個人の個性があっていいじゃないかと考える経営者も職員も多いが、サービスを受ける側の立場なら誰が担当になるかでサービスの質が異なるのは大変不安なことだ。

●製造業なら、製品の品質にバラつきがあれば確実にクレームになるがこの業界ではクレームにならない。利用者も家族も、サービス・商品提供者の施設長や担当者にクレームが言い難い、言えないのです。製品と言うモノに言えることでも、「人」には言えないのです。いつも世話を掛けていることへの遠慮もあるし、担当者の気分を損ねてはいけないと我慢してしまうのです。その我慢が限界を超えると黙って他の施設に移ってしまうのです。サイレント・クレイマー、サイレントゴーンというものです。悪気はないのですが、施設長も担当者もその時まで利用者に我慢させていたことに実感として気が付かないのです。

●これが介護業界の常識であり普通だとも言えるが、それを私は受け入れたくはない。私は理想の介護を追求したい。どこの施設も「利用者様に寄り添ったサービス」と言うが、寄り添う事の本質はいかなるものかを考えていない、それは当社でも言えることだが、そこを変えたいと強く望んでいる。

介護事業の改善・改革を阻むもの

Ｋ社の「自主管理経営の仕組み作り」は他社同様に難航しました。取り組み開始早々、推進チームに選任された看護師が「こういう取り組みに興味がない」との理由で退職したのです。Ｙ社長は「この業界はこれなのです。嫌ならすぐ辞める、辞めてもすぐに行くところが見つかる、だからこれを繰り返すのです。そうして社内の改革は立ち消えする、経営者としてやりたいことがやれなくなる」と悔しそうでした。

しかし、Ｙ社長の意思は固く、「絶対に挫折したくない」との事で取り組みを続行しました。

どんなに簡単なことでも社長が諦めればそれは成し得ない、一方でどんなに過酷であっても社長が諦めなければ成し得る時がくるものです。

Ｋ社の仕組み作りは推進チームの結束力と強い達成意欲で、発生する問題・課題を乗り越えつつ、予定より遅れましたが無事に完了し導入を果たしました。

Ｙ社長とこの取り組みでの活躍と成長が著しいＨさん、お二人を下支えしたＳさんの振り返りの言葉です。

『正直言って、自主管理経営の考え方や仕組み・仕掛けがどんなものなのか分からなかった。しかし今は、何のためのどんな意味を持ち、どんな成果に繋がるのかが私たちもスタッフも分かっています。いつから分かったのか、いつから変わったのかはうまく説明できないのですが、スタッフ一人一人の経営者意識が明らかに変わりました』と誇らしそうです。

Y社長の言葉はさらに熱がこもります。

『医療でも介護でも人の命に係わる仕事ですから、売上や利益の事をあからさまには言いにくく、生産性も追求し難いのです。利用者様の事を考え、時間をかけて手厚いサービスをすることは良い事ですが、生産性から見ればあまり褒められたことではないのです。**そこは利用者様の満足と経営面での折り合いがつきにくく、経営側とスタッフとが時には対立**することもあるのです。

しかし、自主管理経営の仕組みの一環である「強み」創造マニュアルの整備を通じて、利用者様の満足と生産性を両立させることは可能だとスタッフ皆が考えるようになったのです』

完成したK社独自のマニュアルは一般的なマニュアル・教科書的な手順書とはまるで違っていました。利用者様とその家族を想う繊細さ・温かさと専門性を併せ持ち、日常業務のそこかしこに経営理念を具体化した行為・行動が落とし込まれていました。これを見

たご家族は心から安心するに違いありません。（K社はご家族への入居説明資料にもこのマニュアルを使用しています）

利用者様のおむつ交換（排泄介助）ひとつ取っても、単なる排泄介助作業ではありません。目的、目指すゴールもプロセスも知識やスキルに留まらず、愛情や思いやりに溢れていて、尚且つ効率的で無駄がないのです。このマニュアルを確認ながら、実践していくこと自体が、人間性も含めた人財教育になっているのです。

提供されるサービス品質、職場のチームワーク、施設稼働率、新規利用者との接点状況、施設単位の経営状態、これら全てを数値で把握する。それを拠点単位の皆で検討し、さらにこれをグループ全体で共有して、助言・協力し合い、活かし合う。

K介護事業者では良い事も悪い事も、学びの機会として前向きに向い合い、それによる気づきと学びを形にし、直ちに拠点間で共有します。それはまさに「強み」創造サイクルなのです。

介護の仕事はどこでも同じではないのです。同じ仕事同じ作業でも、ある職場では辛くて耐え難いのに、ある職場では遣り甲斐に溢れ、ある会社では成長は止まり、ある会社ではさらに成長する。同じ人でも、ある会社では笑顔になれず、ある会社では自然に笑える。それは確かにあるのです。

介護事業者が高級食パンの店を開く、テレビのビジネス番組に出演

今回の仕組みづくりの会議の中で、深掘りされた事業定義から、新規事業を考えることはできないか、収益の柱は複数の方が良い、既存の事業が安定している時にこそ、新しいことに取り組むべきだと言う話になりました。それがきっかけかどうかは分かりませんが、自主管理経営の仕組みづくりと同時進行でY社長の大胆な新規事業の具体化が始動しました。

Y社長は職員に「施設長の、その先の目標」を提供したい、いまの延長線とは「別の未来」も見せたいと何度か口にされていましたが、それが「高級食パン店の出店」として具体化したのです。「利用者様は、みんなパンが好きだから、美味しい食パンを食べさせてあげたい」との想いもY社長の決断を後押ししたようでした。

数カ月後出店したのは高級食パンで有名なN社とI社ともう1店を含めた3つのブランドが1キロ圏内にひしめき合う激戦区、称して「食パンストリート」です。

私は心配でオープンの日にお祝いの「蘭」を抱えて食パンを買いに行きました。申し訳なさそうな顔のY社長が長蛇の列のお客様に整理券を配布していました。（現在2号店も出店され、3店目の総合ベーカリーの出店も進められています。）さらに、後日、Y社長か

ら[redacted]テレビの取材を受けテレビに出るとの連絡が来ました。

放映当日、テレビ画面の中で自主管理経営の仕組みを説明するＨさんの顔は凛としていて、あきらかに一皮むけていました。

ここまで物流・飲食・葬儀・介護の会社が、仕事と会社と社長が「好き」になる仕組み、自主管理経営を構築し導入・運用した事例を紹介してきました。

他にもＬＰガスの販売会社、食肉卸の会社、在宅医療・看護の会社の導入事例もあります。経営課題は当然ですが、社員数もほんの数人から何千人で規模も様々です。

自主管理経営は、それぞれの企業特性を独自性に変換して仕組みに組み込んでいくので業種や規模は問題にはならないのです。

物流会社は導入後十数年経過しています。ラーメンチェーン会社は8年、葬儀会社が5年、介護施設の会社は2年が経過しています。それぞれ仕組みを独自に深化或いは進化させながら継続していますし、成長も持続しています。

会社を経営していれば、会社の成長・存続を阻む壁は形やスピードを変えながら、とめどもなく出現してきます。しかし**3つの「好き」の仕組み**は難問・難題を歓迎し、「強み」に変えてしまうので、個人力と組織力が違います。特に、過酷な状況耐久力、課題解決持久力、成功再現力は圧倒的です。それらが相まって、世代間で受け継がれ成長を持続させることも出来るのです。

第4章

会社の成長を阻む、
中小企業の社長の
7つの大きな「勘違い」

メンタルブロックと言う言葉をご存知でしょうか。

小学館のデジタル大辞泉の解説が大変分かり易いのでそのまま引用します。

・人間が何か行動を起こす場合、出来ない、駄目だ、無理だと否定的に考えてしまう思い込みによる意識の壁、或いは抑止・制止する思考のこと。
・メンタルブロックをかけ続けると、結果として何もしなくなるといった状態に陥る。

中小企業の社長にもメンタルブロックがあるのではないでしょうか。特に社員に対するメンタルブロックです。第四章では社長の**社員に対するメンタルブロック**を、「7つの勘違い」という切り口で解説していきます。

勘違い ①「うちみたいな会社には、新卒・いい人材はとれない」

グループ全体で社員数1万2千人の会社を退職して、私が選んだ会社は社員数14人（半数はパート社員）ほどの小さな会社でした。

スーツの上着をいれるロッカーがないので椅子の背もたれに掛けて仕事をしていると、知らぬ間にずり落ちて椅子で踏みつけてしまうので困りました。

お昼は近くのコンビニに皆で食事を買いに行って、雑談しながら自分の机で食べました。以前はいつも社員食堂で食事をとっていたので不思議な感じでしたが、これが小さな会社の「アットホームな職場」というものかと納得し、なかなか良いものだなあと思いました。

入社3年目に管理職になって会社経営に多少口出しができるようになりました。

経営会議で社員増員の話になり今までと同じ、地元求人誌を使って中途採用者の募集をしようと話が進んでいましたが、私は「大卒の新卒を採りましょう」と提案しました。

私を含めて社員のほとんどが中途採用者だったので、会社の決め事や労働条件に関わる事になると「前の会社は…」と引き合いに出す人が多く、その発言が会社の雰囲気を悪くしていました。「そんなに前の会社がいいのなら、やめなきゃ良かったのに」と思いつつ、どこにも染まっていない人材が欲しいと思ったのです。

「大卒の新卒」に対して、その場にいた管理職全員が「うちみたいな会社に来るわけない」と強く主張しました。自分の会社を「うちみたいな会社」とはどういう意味だと部長・課長にけんか腰で迫ったら「そんなに言うのなら、やってみろ」と言われ、新卒採用を引き受けることになりました。

採用を担当するのは初めてでしたが、結果は2名募集に対して30名近くの大卒の新卒者が会社説明会と一次面接に応募してくれて、事務所2階の研修室がいっぱいになりました。

「うちみたいな」と言っていた管理職の人たちから「何をやったの」と言われ、「勝手に初任給を上げたのか」と疑われました。しかし、私がした事は社長と共有していた自社の未来構想とそれに参画することでどんな遣り甲斐と自分の成長が実現できるかなど、思いの丈を応募資料からはみ出る程に書き込んだだけで、初任給は平均的な金額でした。

自社だけではなく、自分のクライアントにも「新卒者を取りましょう」と提案すると「欲しいけれど、うちみたいな会社に新卒は無理」と決まり文句のように**「うちみたいな」**を社長が口にします。「そんなことはありませんよ」といって自分の会社でやったことと同じように、会社の特徴、面白さ、自社なりの未来構想を文章に込めて大学や専門学校に送りました。

勿論、会社の特徴、面白さ、自社なりの未来構想は社長に会話しながら考えていただくのですが「改めて考えると、うちの会社が良い会社に思えてきた」とご自身で再発見されていました。

高校生の採用ついては、ハローワークに届出すると共に、社長には目当ての高校の進路指導の先生に会いに行っていただき「生徒さんを大事に育てます」と直にお話しするよう勧めました。

整備工場、アルミダイキャスト工場、建設・不動産、プラスティック成形などの会社で、目標とした採用ができました。社長が「**うちみたいな**会社で新卒が採れるなんて思わなかった」と驚いていました。

中小企業の経営者は謙虚な方が多いので「うちみたいな会社」という表現をよく使います。本心は言葉そのままではなく、内に秘めた野望や夢を口にしないだけとは思いますが、それにしてもこの言葉は禁句にすべきです。それを聞いている社員は「うちの会社は大した会社じゃないんだ。社長でさえ、そう思っているんだ」とその言葉そのままに受け取ってしまいます。

「うちみたいな会社」ではなく、「うちの会社**だから**」を前面に打ち出して、打ち出した通りのことを言葉だけでなく**「言行一致」**で取り組めば良いのです。

大企業は利益優先、競争優先、スピード優先ですから、仕事自体は大きくても内容は細分化され分業化されています。設計も分散設計、営業も資料作成からプレゼンまで多くの人が専門分野を担当します。

一塊の仕事、始めから最後まで一人で仕事を完結することはなく、多くの人との協働と連帯責任で仕事をします。

また、大企業ではどんな仕事をしたいかを望んでもその通りになることはごく稀で、自分で自分の仕事を決められないのです。現場を希望しても事務職になるかも知れませんし、事務職を希望しても営業職になるかも知れません。自己申告制度があっても機能することもやはり稀で、仕事の選択権は社員個人にはないのです。常識的に考えても何千人何万人が自分のやりたい仕事を希望したら、人事部はパニックになってしまいます。

「自動車作りがしたい」と思ってカーメーカーに就職しても、自分の会社がカーメーカーだというだけで「自分が自動車を作っている」と実感できる仕事に就けないのが大企業です。

一方、中小企業は仕事の規模は小さいけれど任される範囲は広く、自分で判断できることも多くてしかも深いです。お客様との距離は近く、一人一人の顔も見え、言葉もかわせます。

大手建設会社のような「地図に残る仕事」に比べればはるかに小さくても、自分ひとりで始めから終わりまで受け持てることの遣り甲斐は、自己重要感を充分に満たしてくれます。

また、大きな仕事をする人材のほうが小さな仕事をする人材より優れているとは限りません。むしろ、始めから最後まで一塊の仕事、お客様と直接折衝する仕事がしたいと言う人材の方が、独立心と遣り甲斐を純粋に求める気持ちが強いかも知れません。

さらに、中小企業では早いうちから部下を持ち、大企業であれば一部のエリートしか経験できないような新規事業の立ち上げや、高額な設備投資の意思決定など、会社の経営戦略への参加機会が与えられます。それは会社の知名度、ブランドイメージ、高水準の労働条件に匹敵する会社の魅力になるのです。

中小企業だからこそ得られる経験や成長機会、仕事の手応えがあるのに、中小企業の社長が自分の想いや自社の特徴を情報発信しないから、応募する側が「探しているのに、見つけられない」状態になっているとも言えるのです。

中小企業の社長は新卒に限らず全般的に「いい人財」が採れない、応募が来ないと言いますが、社長がイメージしている「いい人財」とはどんな人財なのでしょうか。名の通った大学出の受注先やメインバンクの担当者のような人財でしょうか。

「いやそうじゃないよ、いい人財と言うのは素直で思いやりがあって、真面目な人だよ。周囲からのちょっとした行為・好意に感謝の言葉が言えて、仲間が大変な時は自分から手伝いを申し出ることが出来る。仕事が忙しく、納期が迫っている時などは、残業も休日出勤も気持ち良く引き受けてくれる人財だよ」とおっしゃいます。でも、そういう人財は大企業には多分いないです。

中小企業の社長にとって、いい人財・優秀な人財、欲しい人財は燈台下暗し、既に社長の会社にいるのです。その人たちの良さを発掘し、育てていないだけ、活かしきれていいないだけかも知れません。

先ほども言いましたが、大企業の社員は会社と仕事を選んで入社しても希望する仕事に就けるとは限りません。一方、中小企業の社員はまず仕事を選び、それができる会社を選んで入社しほぼ１００％希望する仕事に就けます。そのことも中小企業の大きな魅力の一つだということに気付いていただきたいのです。

世の中に大勢いる社長の欲しい人財が自社を見つけやすく、選びやすくすると同時に自社に既にいるいい人財が他社に行かないようにしなくてはなりません。

うちの会社にどんな遣り甲斐や面白いことがあるのか、どう成長でき、どんな未来の可能性があるのかを社長ご自身がしっかりと考え描き、自信を持って発信することが大事なのです。もしも「今は特にない」ならば、これから創ればいいのです。

勘違い② 「社員はみんな、充実した福利厚生、給料の良い会社で働きたいと思っている」

福利厚生施設の本質は何か

福利厚生と言えば、一番最初に思いつくのが福利厚生施設ではないでしょうか。

ある中小企業では、新社屋建設の際に社員アンケートで最も希望者が多かった、ゴルフ練習場とトレーニングジムを新工場の3階と屋上に作りました。社内に有志によるゴルフクラブができ、帰宅前に会社のジムで筋トレする社員もいましたが、いつしか利用者は減って施設は閉鎖され、製造ラインに作り替えられました。（ただ、この施設に関しては社長は当初から使用頻度は減るだろうと予測しいて別な狙いがあったようです。）

私が新卒で入った会社は、事業所の中に体育館もトレーニングジムもありましたし、伊豆に保養所があって格安で利用できましたが、利用率は低く体育館はいつも真っ暗でした。高級リゾートの会員権を社員に喜んで貰おうと用意した会社もありますが、社員の利用度は思いのほか低いようです。

充実した福利厚生も、給料が良いことも会社選びの優先度は低くなっています。それは新卒者も中途採用者も同様です。それよりも働きやすい職場環境・良好な人間関係、自己成長への期待感、そして何より仕事のやり甲斐や社会貢献など、**仕事そのもの**で会社を選ぶようになっているのです。

　昔の話で恐縮ですが私の経験のお話しをします。私が学生の時の話なので今から40年以上前のことです。夏休みで実家に帰ってアルバイトを探しました。幼馴染の友人も同様に帰省しバイト探しをしていました。別々に探したのに偶然にも同じ業種「プレス工場」に採用され、バイト代も時給５００円で同じでした。

　日曜日に遊びに来た友人とアルバイト先でどんな仕事をしているか弁当はどうか、昼休みは何しているかの話をしました。仕事内容も弁当も同じようなものでしたが昼休みの様子がまるでちがっていました。

　私のアルバイト先は社員の為にと、２台の卓球台を食堂の横の部屋に設置してくれて、お昼の弁当を食べた後、みんなで卓球をして楽しみました。汗びっしょりになるので着替えのＴシャツも用意したほどです。

　一方友人のバイト先では、社長が最新の工作機械を買ってくれて自由に使えと言ってくれたそうです。お昼休みに皆でそれを使いながら、ロボットみたいなのを作っていると言うのです。
弁当を急いで食べ時間を惜しむように機械の部屋に行って、ゲームを楽しむみたいに機械を動かしていると言うのです。

2つのプレス工場は今も存在していますが規模が全く違います。私のアルバイト先は規模を縮小し辛うじて生き残っている状態ですが、友人のアルバイト先はプレス部門だけでなく、金型センターを作って金型を内製し、試作・開発を強みにする中堅企業になっています。

社員が楽しんでいたので卓球台も最新機械も福利厚生施設です。勿論、卓球台と最新機械の差と現在の会社の差が直接結びついているとは限りませんが、私にはその差が社長の経営戦略の差となって40年後の会社の姿を変えたと思えるのです。
福利厚生施設の考え方も色々でよく、夢中になれて楽しい時間であるなら形式・形態は自由であって良いのではないでしょうか。

会社が一番「好きな場所」って、問題ありますか

次の事例も私が実際に見聞きしたもので微笑ましい光景として深く記憶に残っています。

私帰宅途中の街角に、夜遅くまであかりの消えない小さな事務機器の販売会社がありました。

いつも10時過ぎまで明かりが消えず、前を通るとガラスドアから事務所の中の様子が丸見えでした。コーヒーを飲みながらタバコを吸いながら、身ぶり手振りを交えて雑談していて皆楽しそうでした。外から見る光景だけなのですが、笑い声が聞こえてきそうな、まるで中・高校の運動部の部室のような、汗臭いほどの温かさが伝わってきました。中には40・50代のお腹が出ている方もいました。

ある朝その会社の前を通った時、掃き掃除している社員がいたので「おはようございます。いつも前を通るのですが、遅くまで大変ですね」と声をかけました。するとその社員が言うには「うちは営業会社なので直帰してもいいし営業車で通勤してもいいんです。自分の車が決まっていた方が綺麗に乗るので自由に使えます。それなのに直帰しないで会社に集まってしまう」のだそうです。

皆で一日の営業の出来事を話すらしいのですが、先輩の話には泥臭いノウハウが満載だし後輩にはアドバイスもしてくれる、それが面白いし為になる。もちろん直帰しても誰も何も言わない、だけどみんなが集まって、武勇伝の自慢話と情報交換をするのだそうです。社長は「早く帰れ、ブラックだと思われる」と歓迎はしていないらしいのですが、話をしてくれた社員さんは「うちの会社、結構営業成績いいのですよ」と自慢そうでした。

働き方改革、ワークライフバランスは**仕事の負荷と労働時間**をストレスの対象としています。ところが同僚と居酒屋で仕事の愚痴や会社への不平・不満を言って時間を潰すより、仕事をしている時間や職場で仲間との雑談している方が楽しいという社員は中小企業では多いです。

中小企業の職場は社員にとって「好きな場所」でもあるのに「仕事が終わったらさっさと帰れ」では会社が嫌いになってしまいます。

充実した福利厚生もなく高い給料でもないけれど、自分が必要とされ安心できる居心地の良い場所、客先で嫌なことがあっても帰ってくるとほっとできる職場は良いものです。同じ夢や目標を持って協力し合い、競い合える同僚も貴重な存在です。

話が長すぎるのには閉口ですが**人としての大事な事**を親身に教えてくれる社長、半分は自慢話でも手間を惜しまずに指導してくれる先輩、そんな職場と仲間の存在が会社の魅力になることを大事にしたいものです。

大企業とは違う大企業にはない、ワークとライフが対立しない「場」が中小企業にはあるのです。そういう会社・職場を中小企業の社長は創れるのです。

勘違い③「社員は、社長の話を聞きたがらない」

社長が真剣に朝礼や月次の定例会で話をしているのに、社員は下を向いて起きているのか寝ているのか分からない、そんな重苦しい風景を見たことがあります。

社員の方を向いて話をしている社長には、社員の様子は一目瞭然、とうとう我慢が出来なくなって「人の話を聞くときは顔をあげてちゃんと聞きなさい。大事な話をしているのだから」と声を荒げてしまいます。

その後で、社長は私に「社員は私の話なんか、聞きたくないのですよ」と諦めの言葉を寂しそうに口にします。しかし、それは大きな勘違いだと断言します。

社員は自分の会社に関心はあるし、社長がどんな事を考えているのかも知りたいのです。ところが社長は社員が聞きたいとは思えない話、むしろ聞きたくない話をしているのです。例えば次のような話です。

■社員の危機感を煽る話

社長の目から見て社員は弛んでいる、今の厳しい経営環境がわかっていない、だから「このままだと会社は危ない、皆に賞与が払えない、それどころか給料も・・・」と危機感を煽り奮起を期待する話。

■他社の成功事例

他社での成功事例や他社の優秀な社員の話をして、社員に自分と比較させ、消極的で受け身な自分の不甲斐なさを自覚させ、競争心を刺激する話。

■個人攻撃、責任追及

問題やクレームを引き起こした本人に皆の前で説明させる。原因追求し反省させ、会社に迷惑を掛けたことを詫びさせ、他の社員に注意喚起する話。

「それじゃ逆効果だよ」とほとんどの方が思われたのではないでしょうか。これは、いつもは温厚な中小企業の社長の実例なのです。

少し視点を変えて、**話をする側**と**話を聞く側**のコミュニケーションの**下地**についてお話します。

人が人の話に耳を傾けるのはその人が**権力を持っている**からではなく、その人を**信頼**しているか尊敬しているかです。或いは、その人が自分に関心を持ってくれている、日頃から自分の話を**聴いて**くれる、自分の事を**大事に**想ってくれているかです。

どれにも当てはまらない人の話は聞きたいとは思わないのが普通です。義務感や強制されて聞くと、体と視線を向けていても、心はどこかに行っていて思考は停止状態です。

ここである会社の月例会議にオブザーバー参加し感動した時の話をします。

会議の始まりでの社長の話が30分間続きました。社員は皆顔をあげて社長に体を向けて真剣に聞いています。メモを取る者、頷きながら聴いている者もいます。不真面目さは決して許されない、張りつめた空気で背筋も自然に伸びてしまいます。

しかし休憩時間は別世界です。タバコを吸う為に灰皿付近に集まっている社員の中に、タバコを吸わない社長が仲間に入って話をしているのです。話しているのは社員で社長は「うん、うん、そうかあ」と笑いながら相づちを打っているだけです。

休憩あとは部門別の報告です。部門長は月次業績報告書を使って簡潔に報告し、社長からは温かい労いの言葉もありましたが手厳しい指摘もかなりありました。

さらに、定例会が終わった後は簡単な懇親会です。残る、残らないは各自の自由なのですが、会場を出る社員はほんの数人です。残った社員は社長を囲んで我先にと話をしています。

会議は厳しく真剣に、雑談は和やかに、しかも社長は聞き手に回っている。社員は自分から社長に話しかけている、そんな月次の集まりでした。

人は自分の話を聞いてもらえるとすごく嬉しいのです。例えそれが短い時間でも、自分の話を聞いてくれる人のことを好きになりその人の話を素直に聞くものなのです。

社長は、社員にプライベートなことを聞いてはいけない、パワハラだとかセクハラだとか言葉だけが先行していますが、相手に関心を示さなければ相手だってこちらに関心を示してはくれません。

悪意や強制的な雰囲気の中での質問は問題がありますが、相手との自然な会話なら人間関係の下地作りに必要なコミュニケーションです。

大企業のように社長がはるか彼方の存在ならともかく、中小企業であれば社長はもっと身近な存在なはずですし、それも中小企業の大きな魅力です。

社員は自分の話を**聞いてくれる**自分に**関心を持ってくれる**社長の話には、**自然に耳を傾け**ますし、社長がどんなことを考えているのか会社がどんな方向へと向かって行くのか、自分と会社の未来の事をもっと知りたいのです。

勘違い④「社員は褒めて伸ばす」

人育て、自己啓発、人材開発の本を読むと「部下を褒めて育てろ」や「社員の強みを伸ばせ」と言うことが強調されています。特に欧米の経営学や行動科学の本にそれを感じます。

部下本人が上司に向かって「僕は褒められて伸びるタイプです」とぬけぬけと言う場面も見かけたりします。

私自身の人生を振り返っても、ごく僅かな褒められた体験は貴重ですし、人生で一度だけ取った一等賞（小学5年生のマラソン大会）も忘れられない思い出です。それを何度も何度も思い出すので何度も褒められた、何度も一等賞を取ったような錯覚を起こすくらいです。

しかし、**自分が実感する自分の成長**となると話は変わります。今の自分、特にコンサルタントである自分を形成しているのは、痛い思い、耳の痛い話、思い出したくない失敗の方なのです。

特に苦しい立場に立たされた時、もう無理だと諦めたくなるような時、誰も見ていないところでズルしたくなる時、他責の心で自己保身したくなる時など、自分の本性を問われる場面で強く感じるのです。

人事評価制度を企業に導入しその後の定着支援をしている際、業種や企業規模に関わりなく共通して感じることがあります。それは個人別・評価項目別の評価点数の推移表に顕著に表れてくることなのですが、評価点数が上がるは意識・行動面の評価項目の方が先で仕事の知識・スキルの向上や業績・成果が評価されるようになるのは後だと言う事です。

例えるなら「彼・彼女、最近素直になったよね、仕事姿勢が変わったね」と言われるようになってから、しばらくして「素晴らしい仕事をしたね、たいへんなお手柄をあげたね」と言われるような成果を出すという事です。その逆に思わぬ成果・結果を出したことがきっかけになって意識や姿勢が変わった事例もありますがごく稀です。

それは「原因と結果」の法則と同じ現象です。周囲が認めざるを得ないような成果・結果を出す前に、成果・結果を出すような行動の変化や成長と言う原因、さらに周囲には分からない内面的な変化、成長があったのでないかということです。

そういった内面的な変化・成長が「褒められた、長所を伸ばした」ことによるものとは考えにくく、むしろ「反省・内省」の出来事すなわち痛い思い、耳の痛い話があったのではないかと考える方がしっくりくるのです。人事評価の個人別カルテのデータを表にすると7割近い社員にその傾向が確認できるのです。

長所を伸ばすことは確かに重要なことですが、長所と言ってもサラサラ伸びることはなく、いつかは伸び悩みを味わいます。その時腐らずに、自分の思う様には行かないもどかしさや苦しみに耐えて、尚も前進する為には内面的な変化・成長が必要になります。

つまり、誰もが認める、**目に見える**行動変化やそれに伴う数字などで**測定可能**な成果・結果の前提として、意識や人間性と言った**目には見えない**内面的な変化・成長があるのです。

それは褒めたり長所を伸ばすことよりも、本人の反省・内省を伴う痛い思い、耳の痛い話、思い出したくない失敗の方がきっかけになっているのではないかと思うのです。ただ、大事なことは、この時の傍にどんな人たちがいたかどうかです。

私は中学・高校と帰宅部だったので、野球部の練習を自転車置き場から羨ましく思いながら見ていました。冬のナイターのライトに映し出された「千本ノック」はドキュメンタリーを観ているようでした。監督はその人の取れるギリギリのところに「ゴロ」を打ち「フライ」を上げます。簡単に取れるところにボールは打ちません。飛びついたら取れるけれど普通じゃ取れないところです。

囲碁で言う「指導碁」も、相手の実力を見抜いた上で潜在能力を引き出すギリギリの手を打ち弱点に気づかせ、最善の一手を見つけさせると聞いたことがあります。

しごかれている選手も大変だけど監督の方も大変です。汗と泥にまみれてゼーゼー言っている選手にばかり目が行きますが、監督の腕はパンパンで、手のひらのマメがつぶれて手袋から血がにじんでいます。

選手の苦手なコース、グラブの出し方の癖を見抜き、弱み、欠点を徹底して攻めていきます。試合中にエラーをさせたくない一心です。バッティング練習も同様でバッティングマシンは選手の苦手コースに集中します。野村監督のＩＤ野球までは行かなくても、強いチームは相手チームの選手一人一人の弱点を把握し容赦なく攻めてきます。レギュラーになって試合で活躍するためには弱点の克服が必須なのです。

また、細かい事を申し上げますが、「褒める」は大変難しい事だと言う事を強調しておきます。

「褒める」には裏付け根拠がないと褒められた側は少しも嬉しくなく、なんでこれくらいのことで褒められたのか、社長は私をその程度だと思っているのかと返って不信につながります。相手のタイプや能力・実力、褒めるポイントなどの情報収集も必要になります。最も効率が良く効果が大きいのは、本人にとって難しい事や新しいことにチャレンジさせ、やり遂げさせることで「褒める理由」を積極的に作ることです。

難しい事や新しい事を任されたら、現在の自分の実力では足りませんし、なかなか上手くは行きません。そこで粘れるか、諦めるかの自分との向い合いになります。その時、それを乗り越える支援・指導により、本人がそれを克服し少しでも前に進めば、根拠のある「褒める理由」ができます。

その時の褒め言葉は社員を飛躍させるきっかけになり、その人の一生の宝物になります。

勘違い⑤「社員は数字で評価されたり、ランク付けされるのを嫌がる」

中小企業の社長の中には社員に点数をつけたりランクづけしたりするのは、社員が嫌がるし、人に点数やランクをつけること自体に抵抗感を感じると言う方が多いです。

社員想いの社長は、社員に点数など付けずに伸び伸び仕事をして欲しいと思っていますし、点数とかランクは社員のやる気を削ぐことになると思っていらっしゃるようです。

しかし、世の中に点数やランクがついていないものは無いのです。

幼稚園、保育園から高校、大学を卒業するまで点数とランクばかりです。テストの点数、通知表、運動会、写生大会での**点数**や**順位**や**賞**がそれです。習い事の書道やそろばん、武道の柔道、剣道、空手やスイミングにも段や級があり、社員は子供頃からその中で育ってきたのです。

牛肉にも蜜柑にも等級やランクがあり、レストランにも寿司屋にも有名店にはミシュランの星があり、さらに飲食・サービス業全般に口コミの評価点数があります。私たちはそれを抵抗感なく参考にして店を選び、高めの価格を受け入れます。なぜなら、等級やランクは農家や料理人のたゆまぬ努力の証であり、自己満足ではない他者評価だからです。

点数やランクは自分が現在どの地点にいるのか、上位等級はどれくらいあって、どんなことができるようになればそこに行けるかの努力目標になります。それが自己満足ではない**客観的な実力の証明**になります。

自分の現在の位置が分からなければ、自分がどれだけ成長したのか分かりにくく、それは他者との比較だけではなく、**過去の自分との比較**もできないということです。

実は社員は点数を付けられることにも、ランク付けされることにも慣れていて、学校を卒業しても会社には人事評価制度という成績表が存在している事をキャリアセンター（大学の進路指導）の先生から教えられています。

キャリアセンターが主催する「自分に合った会社の選び方」セミナーで、人事評価制度がない会社はそれだけで「ブラック」だと指導しています。ですから点数やランクに対する違和感はないのです。

しかし、中小企業には入ったらそういうものが一切ないとホッとして、次第にそれに慣れて「社会人になったら、点数もランクもない、勉強しなくて良い、本も読まなくてもよい、会社とはそういうものだ」と自分に都合の良い価値観を持つに至るのです。そんな価値観を一度持ったら、点数もランクも嫌がるのは当たり前です。

ですから、人事評価制度の新規導入の際には、ベテランだけでなく若手も反発する様になってしまうのです。

その一方で、若手社員はＴＶゲームに趣味のスポーツに、高得点・高順位を目指して、ストイックな程に全力を投入します。ＴＶゲーム、趣味のスポーツで自分の点数やランクを上げることに手応えを求めます。ゲームし過ぎによる指の腱鞘炎、フットサルのラフプレーの怪我も恐れずに大活躍している人と同一人物が、会社では「数字で評価されランク付けされるのは嫌いなんです」と社長に文句を言っているから不思議です。

一度持った価値観であっても社長が変えようと思えば変えられますし、社員の抵抗感もきちんとした意義・目的を理解すれば次第になくなります。そして自分の技術や能力を高める努力を惜しまないようになります。

会社は顧客から点数やランクで評価され優劣を比較される他社との競争の中にいます。社員はその競争の当事者なのです。幼稚園から高校・大学まで成績もスポーツも習い事も全て「競争」の中にいたのに社会人になったら競争はないものだと誤解している社員が中小企業には多くいます。

会社同士の団体戦に参戦していることを自覚させれば目の色が変わるかも知れません。

勘違い⑥「組織を変えれば、問題は解決する」

「これが今期の組織図です」と社長からいただいたＡ３用紙の組織図は立派でした。会社の規模が大きくなったこと、管理職が増えた事、誰が異動し、誰の部下になったのかが分かり易く表現されています。

そこで今期の重点方針・実行施策はなんですか、顧客ニーズの変化や競合他社を想定した戦略はどう反映されているのですかと伺うと次のような説明が返ってきました。

「戦略と言えるものは特にないです。それより人の問題を解決する方が先決ですから」とそれだけです。運送会社、プラスティック成形、切削刃具研磨の会社などの事例です。

「人の問題」は厄介ですから経営課題として真剣に対応しなければなりませんが、上司と部下の組み合わせの変更のような「個に依存」したやり方で「上手くいった」話を聞いたことがありません。大抵、翌年も同じように組織図の変更を行い、それを繰り返しています。

中小企業では「人の問題」に限らず営業の問題、品質の問題、生産性の問題も同じ様に

「個に依存」した対応が目立ちます。

社長からの信頼が厚い課長や部長は兼任、兼任で、本来やらなければならない事に集中できず中途半端な結果しか出せていない、というケースを多く見かけます。

私自身も前職で3つの部署の責任者を兼任し、スタッフの日報を見るだけでも大変な工数になった経験をしています。それまでは日報をスタッフとのコミュニケーションツールとして、経営計画の実行を促進する手段として活用していました。

日報には会社のＰＤＣＡと個人の仕事のＰＤＣＡをつなぎ、噛み合わせる機能があるので大変重要なのですが、兼任・兼任で手が回らくなってしまったのです。結局私は手抜きをしスタッフから不評・不信をかってしまいました。

良い組織づくり、良い組織編成はどうすれば良いのでしょうか。

この問いの答えを考える時、頭に浮かぶことが2つあります。その1つは「組織は戦略に従う」と言う言葉です。経営学の組織論の考え方です。簡単に言えばどんな目的・作戦で行くかが先でそれを実行するのに適した組織編成・人員配置をすべきだということです。

もう一つは、私の出身高校野球部の監督の話です。私の出身高校は、私が在学中に甲子園の一歩手前、２年連続で決勝戦迄行った強豪でした。私の担任が野球部の監督でしたので、クラスメートに野球部のレギュラー選手が多く、帰宅部所属の私でさえ甲子園を目指した気分になりました。

日本史の先生だった担任は、戦国時代の戦いと野球の試合のことを関連付けて説明するのが得意でした。「武田信玄は騎馬隊が強かった、騎馬隊を活かせる戦場と戦術を選んだ。織田信長は奇襲が得意、それで桶狭間で今川を倒した」とまずは日本史。そこから、野球の話に急展開し「強みを活かす戦い方を考え、その戦い方に一番合ったメンバーを選び、役割を任せるのだ」という具合です。

それから担任はこんな話もしました。「うちの高校は公立だから、野球の上手い中学生をスカウトなんかできないから、一年や二年で甲子園を狙うなんてのは無理。何年か掛けてチームを育てると言う発想が大事なんだ。だから再来年のチームを想定して、来年のチームを考え、来年のチームを考え今年のチームを考えるのだ。」と熱く語りました。結局担任は転勤となってしまい、私の母校は甲子園には行けませんでしたが、新しい赴任先の商業高校を数年で甲子園に連れて行き、ベスト４まで行きました。それからしばらくの間は甲子園常連校になりました。

担任の考え方は大きな目標を立てた上でそこから落とし込むようにチームを育て、人も育てる。「人」のみでなく、「組織」を育てることが重要だということです。

3年後の経営目標達成に向けての理想の組織を完成させるために2年後の組織を考え、そこに至るための今回の組織を考える。言葉を変えて言うなら「2つ先を考えて組織を作れ」という事になります。

ものごとを考える上で目先の問題解決だけを考えると、こっちを立てればあっちが立たずになってしまい、最後はモグラたたきのように「切りがない」ことになります。また、目先の問題は待ったがきかないので選択肢は限られ、対処療法にならざるを得ません。しかし、理想とする状態や中期の目標の位置から見下ろすように現在を俯瞰すれば、時間的な猶予が与えられるので本質的・抜本的な手立てが、いくつもの代替案の中から選択することができます。

勘違い⑦　「うちの社員は勉強が嫌い」

「うちの社員は勉強は嫌いだよ、本なんて読まないよ」と社長が言うので集まった管理職に聞いてみました。「ここ10年間で何冊本を読みましたか」と。12人いた課長、部長のうち10人が10年間で一冊も本を読んでいませんでした。読んでいると答えた2人は大企業の早期退職制度に手あげした転職者でしたから社長の見立ては当たっていました。

ところで社長はどうなのかというと大変勉強熱心です。経営者の集まり「●●会」や銀行のシンクタンク主催の後継経営者養成講座を卒業しています。

これでは社員と社長の知識の格差は広がるばかりで、話が噛み合わない、危機感が違う、一般的な経営用語さえ通じないのは当たり前です。

そんな社長に「勉強熱心ですね」と言うと「私も勉強は嫌いだったよ。でも、今やっている経営の勉強は学校の勉強とは違って為になるし面白いよ」と答えます。

社長のおっしゃる通りです、学校の勉強と社会に出てからの勉強は全く違うのです。学校の教科書と違って本屋さんに並んでいるビジネス書も自己啓発の本も為になるし面白いのです。しかしそのことを社員に教えている社長もまた、少ないですね。

中小企業の社員は研修機会が少ないため、勉強＝学校の勉強のイメージが固定されたままになっていて、先生に叱られたりテストの点数で親に小言を言われた記憶が蘇ってしまうのです。まさに、勉強と本に対するメンタルブロックです。

大企業の社員は、新入社員研修以降、絶え間なく様々な研修機会が与えられていますので「やらされ感」はありますが、勉強や本に対するメンタルブロックはありません。

私のコンサルティングは社長の参謀役でも指南役でもなく、管理職を巻き込み、経営の仕組み構築と、その仕組みを使いこなせる人財を会社に残すことを目的としています。管理職や経営幹部に社長と経営の話ができるくらいに、少なくとも社長の話す言葉と意味・意義が分かるようになってもらう工夫をします。これは「社員研修」と全く違い、泥臭いお節介の領域です。

その1つの手段が読書の勧めです。まずは推薦図書を提供して読みたくなるように仕向けます。学校卒業以来本を手にしたことのない社員ですから抵抗感をあらわにします。しかし「読みたくなかったら読んだふりでもいいですよ」とハードルを下げ、強制感を無くすと気が楽になるのか、素直に読んできてくれて予想外の嬉しい感想を言ってくれます。「面白かったです、目から鱗です、学校の教科書と全然違うのですね」と新たな発見をしたようなイキイキした表情です。

自分から本屋さんに行ってこんな感想を言った管理職もいました。「先生、部下の事で悩んでいる管理職は世の中にたくさんいるのですね。その手の本がいっぱいでしたよ」と。

社員の行動の変化は意識の変化の表れです。意識が変わって行動が変わるとも言えますが、とりあえずの、今までと違った行動が意識を変えることもあります。どっちが先でも良いのですが何もせずに自然に変わることはないのですから何かをすべきで、それがたまたま読書というだけのことです。

意識の変化や成長は「経験」によるところが大きいのでが、中小企業の社員の意識が変わるような劇的な経験をしようと思っても難しく、その経験がいつやってくるかは誰も予測できません。

しかし、読書による「疑似体験」は直ぐにでもできます。実際に命の危険にさらされなくても、命の危険にさらされたような「幕末の志士」にもなれます。本当は自分の事ではない出来事に感動して涙を流すこともあります。そんな「文字」からの刺激は頭の中で映像化され、聴こえないはずの音や声が聴こえ、名画や名曲のように人の心に衝撃を与えるのです。それも「読む」と言う**100%自分次第の行為**からです。

社員が嫌いなのは「学校のような勉強で教科書のような本」なのです。ビジネス書や自己啓発の本は食わず嫌い、読まず嫌いなだけです。難解さから言えば最近のコミック本の方が読みにくく、複雑なストーリーで理解するのが大変です。若い社員はそれを数分で読み切ってしまいます。

本屋さんにはビジネス書や学生向けのアカデミックな本がごちゃまぜに並んでいますが、そこから見つけ出すのも良い刺激になります。たとえ薄くて字が大きな本を選んだとしても、そこに至るまでには本屋さんに行くという「行動」と何冊かを手に取り中身を見る「行為」があり、それが大きなきっかけになることもあります。

大企業の社員と比べて、中小企業の社員の方が部下を持ち人の上に立つようになるのがはるかに早いです。

物流会社では20代後半には構内作業のパート社員50人の上司になります。ドライバー１００人を部下に持つこともあります。自分より年上の現場の人たちは肩書では動いてくれません。

そこでは若いながらも「人間力」を試されます。研修により習得が短縮できるテクニカルなスキルよりも、経験を積み重ね痛い目に合いながら身につけるしかないヒューマンスキルが問われるのです。

それこそ、泣きたくなるような食事が喉を通らなくなるような思いを20代後半、30代前半で経験するのです。

経営の中枢に関わるのも圧倒的に早いです。勿論、人にもよりますが中小企業の場合、社長に実力が認められたら30代40代で経営幹部の一員となり、全社的な経営戦略策定と実行を任されることもあります。会社への影響の大きさから見れば大企業の本部長クラスの経営領域です。そのような重要な役割を担う中小企業の社員が勉強嫌い、本嫌いという訳にはいきません。

本からの一言や歴史小説の主人公の考え方・生き方が未熟な「人間力」を支えてくれるこ

ともあります。社員の本や勉強への食わず嫌いを直すきっかけ作り、70歳まで働く時代に向けての「学び直し」の背中を押すのは社長の役割だと考えるべきです。

以上、社員に対するメンタルブロック、中小企業の社長の「7つの勘違い」の解説をさせていただきました。これもまた、人それぞれですが、まずは社長がメンタルブロックを払拭し社員の可能性を期待し、伸びしろを信じて大きく成長させていただきたいです。

次章からこの本の一番重要な第5章に入ります。平凡な会社をケタ違いに成長させるための具体的・実務的な話になります。

第5章
ケタ違いの成長軌道を造り込む

―前編―

今まで振り返り

この章は本書の中で最も重要なところですのでしっかりとお伝えしご理解いただくために、まずはこれ迄のポイントを箇条書きして振り返ります。やや長いのですがご辛抱ください。

●特に「強みのない平凡」な田舎の工場が奇跡のようなケタ違いの成長を遂げた。「強み」のない企業でも成長できる。現時点で「強み」のないことを理由に企業成長を諦める必要はない。

●現在の「強み」を作るより未来の「強み」を創ると考えた方が、本腰を入れて取り組めるだけの時間的な猶予が持てる。短期間内で容易に創れる「強み」は本物の「強み」ではない。

●「強み」がない状態での事業は、実は最も競合が多く存在し、過酷な競争の中に参戦しているのと同じである。

■中小企業が成長しようとするときの特徴的な行動を4つに類型化して「成長戦略の4つ

の行動特性」とした。それぞれ一長一短がある。自社の行動特性の長所を生かしつつ「組織―仕組み化思考」を経営に取り込むことで短所を補うことができる。

●企業の存続・成長を阻む**難問・難題の壁**を、山ほど乗り越えた時神様からのご褒美として「強み」が手に入る。

●**難問・難題**に対応するためには、それまでの力量では不足する。その力量の不足を補うために「苦行・修行」と同じ程の、試行錯誤・知恵の捻出がなされる。そこに、それまでの力量をわずかに上回る「**微差・僅差**」が生じる。

●それを**見逃さない**で拾い上げ、**日常業務**に反映させる。これを**繰り返し、積み重ねる**と「微差・僅差」の集まりとは異なる「**突然変異**」のようなものが生まれる。或いは閃き、偶然が必然に変わる。それが本当の「強み」。人が大きな成長を見せた時「一皮むけた」と言うが「**微差・僅差」が一皮むけると「強み」**になる。

●「強み」の種のような「**微差・僅差**」は、日々繰り返される問題解決を**積極的で前向き**な取り組み、すなわち「**強み創造サイクル**」を回さなければ生み出す事はできない。嫌々ながらの「**やらされサイクル**」では「微差・僅差」は生まれないし、際立つ「強み」へと育つこともない。

●積極的で前向きな問題解決である**「強み」創造サイクル**は**過酷さも伴う**。回し続けるには原動力が必要で、それがなければ**止まる**。

●その**原動力とは**、社員が、仕事が「好き」、会社が「好き」、社長が「好き」だと言う**3つの「好き」**が揃った状態である。

●3つの「好き」は、「強み」創造サイクルを回す強力な原動力となって「強み」を**量産**し、思いもよらない相乗効果を発揮する。さらに3つの「好き」は個人と組織に継続される企業経営の予想外の経営環境・経営状況の変化を乗り越える**過酷な状況対応力、課題解決持続力、次世代承継力**を発揮させ**成長を持続**させる。「好き」だからこそ成せるケタ違いの成長軌道なのである。

以上がこれまでの振り返りです。

そして、これから始まる第五章では、本書の最大の主張である3つの「好き」を培い、ケタ違いの成長を実現する、経営の仕組みとノウハウを解説していきます。これは当社が中小企業に提供しているコンサルティングプログラム、「自主管理経営」の仕組みとノウハウでもあります。

「自主管理経営」は、企業の「強み」を創ることと、社員が仕事と会社と社長を「好き」

になることの「同時両立」を図る仕組みです。どちらが先かではなく、同時であり、同じこととするのです。

それは特別な事、別々なことではなく日々の行い、日常業務で括ります。

「強み」を創ることと「好き」になることは相反することではありません。むしろ「同じこと」と考えた方が自然です。

面白く、楽しく、探求心と競争心を持って仕事をすれば、仕事から多くを学び多くの気づきを得ます。多くの学びと気づきは、やがて会社の「強み」に変わります。

多くの学びと気づきは社員を成長させます。その成長が成果を出し、それが認められ褒められ、お客様から感謝され、それらが束ねられるように、仕事も会社も社長も「好き」になっていくのです。

ですから「同時両立」なのです。人は好きな事、好きな場所、好きな人から離れたいとは思いません。ですから、第三章の中で出てきた「辞めたくない会社」になるとも同時になるのです。

「強み」を創ることと、３つの「好き」を「同時両立」させる経営の仕組みと言っても特別なものではありませんが、導入企業がケタ違いに成長し、数年から十数年経過した現在も運用され続け、成長が持続・加速していることで効果が実証されています。

消費しても、自ら再生し、決して枯渇しない不思議な力

言われてみれば当たり前、身近過ぎて意識さえしていなかった、しかしいざ説明しようとするとなかなか説明できない「好き」ということについて掘り下げるところから始めます。

繰り返しになりますが自主管理経営は、社員に内面・内発の3つの「好き」を培うことを目的とした仕組みですので「好き」の深掘りは欠かせないのです。

理解し、イメージし易いので、ゴルフやフルマラソンを引き合いに出してきましたがもちろん他のスポーツでも趣味でも良いのです。いずれにしても「好き」というものの不思議な力を再認識していただきたいのです。

恐らく、誰もが「好き」な事には、

●時間を忘れて集中できる、無茶なくらいに力を出し切る。
●過酷ささえ楽しめる、お金が掛かっても惜しくない。
●子どもじみていると言われるほどにムキになれる、誰かに負けたら悔しい。
●普段は人からの助言を全く聞かないのに、このことに限っては素直に耳を傾けられる。
●もうこりごりだと思いながらまたやりたくなる。くたくたになるほど疲れても明日への活力が湧いてくる。

なぜ、これほどのエネルギーが出せるのでしょう。基本的にやってもやらなくても問題はなく、やったからと言って褒められることもなく、失敗しても叱られることも、誰かに迷惑を掛ける訳でもない。

頑張って成果を出しても勿論昇給や賞与にも、売上や利益などの業績にも直接的な関係はない。はなから、そんなことは期待していない。

「好き」な事に傾けるエネルギーの根源は、義務感でも、使命感でも、危機感や追い詰められた火事場の馬鹿力でもなく、１００％自発・内発・自己負担・自己責任なのです。しかも、それだけではありません。「好き」な事に傾けるエネルギーは、消費しても自動的に再生され、決して枯渇しませんし燃え尽きもしません。まさに持続可能でエコなエネルギーといえます。

これを保有し、発揮するのが「好き」の不思議な力です。

学校の先生、親、著名な経営者さえも「そのことを好きになりなさい」、「仕事を好きになりなさい」と口を揃えて言っています。また、「好きなことを仕事にしなさい」とも言い、その手の書籍もたくさん出ています。

後者の「好きなことを仕事にしなさい」は、既に「好き」なことがあるのでそれをどうにかして仕事にすればよいのでハードルは高いですが、実現可能です。しかし、どうしたら仕事が「好き」になれるかは誰も教えてはくれません。改めて「好き」と仕事とをつなげて考えるとどうやったら好きになれるのか、自分が好きな仕事は何なのかが分からなくなり答えらしきものが出てきません。

また、「好き」とはもともと理屈で説明できない無意識領域、自然な成り行きや偶然で、気が付けば「好き」になっていたというものかも知れません。しかしそうなると制御できない「無意識領域」や「偶然」を待つしかないことになります。しかも全くの個人の問題で周囲が関われるものでもないことになってしまいます。しかし、果たしてそうなのでしょうか。

一人の人間の中に別々な人格が存在する？

ここで少し、視点を変えてみます。

もし、好きな事が仕事とは別に存在するなら仕事は何のためにするのでしょうか。好きな事をするために、生活するために仕事をするのだと考えれば「ワークライフバランス」という考え方は理解できます。

恐らく「好き」ではない仕事を義務感で我慢しながらやっていて、心身共に疲労するので「好き」なことして楽しい時間を過ごし、ストレスを発散しライフとワークのバランスを取る。そうすることで日常生活や仕事に支障をきたさないようにする、ということでしょうか。

例えば、次のようなことは特別なことではなく、身近な所で見聞きすることです。

●昼間はつまらなそうに仕事して、就業時間のベルとともに帰宅して、10時過ぎまでフィットネスジムで汗を流す、筋トレで限界に挑戦する。

●会社の目標管理制度の自己目標・挑戦シートにはお世辞にも挑戦とは言えない事をダラダラと書いているのに、３カ月後のフルマラソンでは大胆にサブフォー（４２・１９５キロを４時間以内）達成に挑むことを仲間に宣言する。

この差は何なのでしょうか。一人の人間の中に無難にやり過ごす人格と、大胆で挑戦的な別の人格が存在しているのでしょうか。

仕事時間は我慢の時間で時計の進みが異常に遅く、好きなことをしている時間はあっという間に過ぎてしまう。同じ時間なのになぜ、これほど違うのでしょうか。

社員数50人以上の会社に義務付けられている「ストレスチェック」のメイン項目は業務の難易度、自己コントロール度、労働時間の長さです。そして、高ストレス者への改善策は残業の禁止やもっと簡単な仕事、身体に楽な仕事に配置転換するよう、指導のコメントが出力されます。

それが正しいのなら過酷な目標タイムを狙って毎日10キロ走ったり、強豪チームに勝つためにドリブルの特訓したり、毎日のように練習場に通い詰めて「どうも上手く行かないなあ」と頭を悩ませながら地道にショットを打ち続ける行動は全てストレスになってしまいます。

好きなことを仕事にできている人は極少ないと思います。好きな事は別にあって義務感と忍耐力で仕事してお金を稼いで生活し、帳尻を合わせるかのように好きな事をしてストレス発散、それは仕方のないことなのでしょうか。

「好き」は自然・偶然、潜在的で先天性のものか

「好き」なことに夢中になっている人達に「なぜそれほど頑張れるのですか」と聴くと「好きだからでしょうね」と答えます。しかし「なぜ、それがそれほど好きなんですか」と聴くと「なぜなんでしょうね」と他人事のような答えが返ってきます。

「いつからですか」と聴くと「いつからか分からないんですよ」と曖昧な答え、まるで禅問答です。

この曖昧な「好き」を曖昧なままにしたくないので知人・友人、サラリーマン、経営者、現場仕事の人、事務職の人、全員で約50人の方に次のことを執念深く伺いました。

「好き」な事は何ですか、なぜ「好き」なのですか、そこには何があるのですか、最初に「好き」になったきっかけは何だったのですか、と。

最初に「好き」な事は何ですかの質問に対しての回答です。

ゴルフ、フルマラソン、トライアスロン、フットサル、バレーボール、水泳、山登り、野球、日曜大工、家庭菜園、ロードバイク、仏像彫刻、レザークラフト、油絵、陶芸、ＲＰＧのＴＶゲームです。

次に、なぜ「好き」なのですか、そこには何があるのですかの質問の回答です。

挑戦のゾクゾク感　・誇りやプライド　・全力を出し切った感　・競い合いの緊張感・創意工夫の成果の喜び　・心からの悔しさ　・気づき、学び　・成長実感　・挫折と克服・仲間との励まし合い、喜びの分かち合い　・多くの人との出会い　・そのことを通じての様々な経験・体験。これらを以後総称して「好き」になる要因とします。

皆さんの回答から「好き」なことには、手軽さ・簡単さ・楽（らく）さを求めていないことがはっきりとわかります。むしろ難しさ・困難さ・過酷さを歓迎しています。

次に「好き」なことをやるようになった最初のきっかけは何んですか、の質問の回答は次の通りでした。

・人から誘われて　・お付き合いで　・いやいやながら引っ張って連れていかれた
・やっている人がホントに楽しそうに話すので　・たまたま暇だったから、昔やっていたから

という事でした。サッカーやバレーボール以外は昔からやっていたと言う人はいませんでした。つまり最初は、やった事もなかったし、好きでも何でもなかったことがやっているうちに、いつの間にか好きになったということです。

仕事の中に「好き」になる要因を組み込む

ここで話を仕事に移します。50人近い方にお答えいただいた「好き」になる要因をよく見ると、中小企業の社長の誰もがお気づきの事だと思いますが、これらは全て「仕事」の中にあるものばかりです。

大きな受注をいただくために見積書を作成しながら、どういう言葉でどんな順番で説明するかを相手先の顔を浮かべて、商談の予習をする時**「挑戦のゾクゾク感」**を感じます。もし、お断りされたら**「心からの悔しさ」**を味わい、同席した同僚の言葉に**「仲間との励まし合い」**を感じ、落ち込みそうな気持ちが救われます。

お客様から受注がいただけたら**「創意工夫の成果の喜び」**があり、会社に帰って報告したら社長も先輩も同僚も喜んでくれる**「喜びの分かち合い」**があり、自分に対する**「成長実感」**もあります。このことが、顧客や社会に貢献できるという**「自己重要感」**の裏づけになります。

最初は義務感や、やらされ感でしていた仕事がある時、あるきっかけで「好き」になることはあり得ないことではありません。どんな経験・体験をするか、どんな人が一緒だったかで同じことが別な出来事にも変わります。それは、そのことを「好き」になるかならないかは「個人」の問題だけでなく、周囲も大きく関わるということです。会社・仕事における周囲とは言うまでもなく上司・同僚、社長です。

仕事を「好き」になれば人生の中で最も長い時間である「仕事」時間に、「好き」なことと同じ消費しても自動的に再生されて、枯渇しないし燃え尽きない、持続可能でエコなエネルギーを得ることができます。

時間を忘れて集中できる、無茶なくらいに力を出し切る、過酷さを楽しめる、誰かに負けたら悔しい、子どもじみていると言われるほどにムキになる、素直に人の助言に耳を傾けられる、くたくたになるほど疲れても明日への活力が湧いてくる。この感じを味わいながら、このエネルギーを得ながら仕事ができるのです。

この状況下では、ワークとライフの関係は一変します。こっちを立てればあっちが立たず、片方が重ければ片方が軽くなるというバランスを取るべきものではなく、調和した一つの事になります。

仕事を「好き」になれる職場であれば、当然会社も「好き」になるし、仕事が「好き」

になる職場環境を創ってくれる社長も「好き」になって３つの「好き」は成立します。
それは「強み」創造サイクルを回し続ける原動力になり、過酷な状況耐久力、課題解決持久力、成功再現力、次世代承継力を発揮し、企業成長を持続させます。

同じ時間、同じことを同じように経験・体験しても、個人としての受け止め方や感じ方が人によって違うのは当然ですが、その時周りに誰がいたか、誰と一緒だったかの影響は想像以上に大きいものです。

ですから、同業・同種の仕事であっても、どんな会社で、どんな仲間と、どんな社長の元で働くかで、仕事に対する感じ方は大きく変わります。仕事を「好き」になる要因を見つけられるかどうかは個人の問題だけでなく環境としての周囲が大きく影響するのです。

自主管理経営は社員が仕事と会社と社長を自然に「好き」になるように、日常業務の中に「好き」になる要因を組み込む経営の仕組みであり、３つの「好き」を培う或いは涵養する土壌づくり法なのです。

なぜ、社員は「好き」なことを外に求めるのか

私は上場企業の音響機器メーカーに新卒で就職しました。製品のテレビＣＭが魅力的でしたし、文科系人気企業のベスト３０に入っている、そんな理由でワクワクしながら会社を選びました。

ところがそのワクワクは1年と持ちませんでした。

新入社員研修（トータルで３ヶ月間、４泊５日の自衛隊体験入隊含む）の人事部との面談で希望職種・部署を申告しましたが、希望は通らず、私が担当した業務は国内外に販売された自社製品のサービス体制の構築と運営でした。

姿が見えないお客様の存在は遥かに遠く、グループ企業含めた1万数千人の中で自分の存在は「微生物」以下だと感じました。

仕事に遣り甲斐も手ごたえも感じられず、不完全燃焼で他責と愚痴の日々を送っていました。

一日の仕事時間の経過は恐ろしい程に遅く、日曜日の夜は翌日の会社の事を考えるだけで憂鬱になって眠りたいのに眠れないというなんとも言えない辛い時間を過ごしました。

しかし、一応会社では仕事を無難にこなしていたので先輩も上司も私の不健全な心の状態に誰も気が付きません。もし、そんなことが上司に知れたらどこへ飛ばされるか分からないという恐怖心もありました。

私はもっと前向きで好奇心旺盛で、今の自分は本当の姿ではなく仮の姿、自分の能力を発揮できる場所はどこかにある、だけどここじゃないと意味不明な独り言をブツブツ言っていました。

ある時一念発起し、転職雑誌を数冊購入して10社以上の会社に履歴書を送りました。結果は全て書類選考で落とされ、絶望感を味わいました。新卒の時は分厚いリクルートブックの中から会社を選んでいたのに、今の自分には「職業選択の自由」も労働市場での「商品価値」もない現実を思い知りました。

そこで転職のための武器を作ろうと国家資格取得を考え、毎週土曜日の午前10時から午後5時までの講座に参加しました。１クラス１２０人、年齢は20代30代で7割、40代が2割、50代が1割くらいでした。資格取得を目指す人の多さに驚き、この人たち全員がライバルなのかとゾッとしました。

ライバルとはいっても講義の休み時間では世代を超えて多くの人と友人になりました。

雑談の中で、なぜ資格の勉強を始めたのかを聞いたところ、独立目的の人もいましたが大半は転職の武器が欲しいという私と同じ目的の人たちでした。多少給料に不満を持ってはいるもののそれ以上に、遣り甲斐を感じない、仕事がつまらない、将来の「夢」が持てない、もっと「好き」になれる事がしたいという事でした。

私は生まれて初めて猛勉強しました。平日は自宅で夜9時から午前2時まで勉強し、土曜日は一日中講座に参加し、日曜日は朝から夕方まで図書館に籠りました。図書館は私同様、資格の勉強をする人たちが多く早朝から並ばないと席が取れません。朝寝坊して図書館に入れなかったときは有料の自習室に行きました。

平日は午前2時まで勉強して朝7時に起きての出社でしたので、慢性的な寝不足です。やむ追えず、仕事時間は省エネ運転で働いていました。会社から給料をもらって生活できているのに、自分のエネルギーのほとんどをこの会社を辞めるために費やしている、そんなけしからん行動に当時の私は良心の呵責が全くありませんでした。

今の会社を辞めるための努力に惜しみなく「本気」を投入できるのに、今の会社の仕事に「本気」が出せない、本気になれないのです。

そんな気持ちのねじれ状態では美しい言葉で表現された会社のミッションも経営ビジョンにも心躍らず、上司が研修でマスターしてきたコーチング技法も私には無力でした。好きに選べるカフェテリア方式の教育制度、色々なモチベーション施策もなぜだか「やらされ感」を感じてしまい、「会社は何でこんなことやらせるんだ」と同僚たちと批判していました。

一方的に私自身の経験を話しましたが、これは例外的でも特別な話でも昭和・平成時代の話でもありません。事実、コーヒーショップにはコーヒーを楽しむ人よりテレワークの時間を使って資格やビジネススキルの自己啓発に取り組む人たちでいっぱいです。お店から「2時間以上の滞在はご遠慮ください」とけん制されているくらいです。

取得した資格も自己啓発で磨いたビジネススキルも、今の会社で活躍し貢献するためのものではなく、会社をやめるために使われるのです。なぜ、社員の本気は今の仕事と会社にではなく、外へ外へと向けられてしまうのでしょうか。それは一言、今の会社に「好き」になる要因がないからです。

他社から見えにくく、模倣できない経営戦略

顧客満足、儲かる事を最優先し、社員の成長にもスピード・効率を求め、仕事の充実感を感じる時間さえも短縮するから、どんどん仕事がつまらなくなっていくのです。

多くの経営の手法やＩＴツールは、常に「早く、速く」と働く人の気持ちから余裕を奪い、少しの雑談もできない程に仕事と職場も殺伐とさせています。

辛い仕事を早く終わらせ、つまらない職場から早く抜け出して、「好き」なことができるところへ「好き」なことをしにさっさと避難しなさいとせかすようです。

本来仕事のプロセスには、成長の機会も手応えも気づきや学びもあるのに、結果ばかりを求められたら目先の成果ばかりを追ってしまいます。

仕事が「好き」になれば言われなくても楽しみながら工夫するので自然に生産性はあがり、成果も結果もついてきます。

マラソンが好きな人はトレーニング方法や食生活を改善・工夫して、１秒でも「時短」を追求しますし、ゴルフが好きな人は毎日素振りやパターの練習をして、１打でも「コストダウン」を図ります。

陶芸、レザークラフト、日曜大工を趣味としている人がより良い作品を追求すれば、それが商品であれば確実に付加価値を高めています。生産性の公式は、分母が投入量で分子は算出ですが、算出は「量」だけでなく、「質」や付加価値も含まれますので生産性は向上するのです。

「好き」なことには言われなくても自分からそうするのです。しかも楽しみながらです。

会社を成長・拡大するための手立て・作戦である経営戦略の中心課題は、顧客からの支持獲得をめぐってのライバルとの生存競争です。

会社が売上・利益を稼げないと社員の皆に、生活の糧となる給料が払えなくなるのだから、社員は会社の方針に従って頑張るのは義務だし当たり前のことだと言えます。しかしその考えは経営側の言い分で、その考え方が仕事をお金の獲得手段にしてしまうのです。社長はそうしようとは思っていなくても、社員にとって仕事を「好き」なこととは程遠いものにしてしまうのです。

企業の経営戦略は競争最優先、それを動かす運用の仕組みは効率最優先、それをその通りに「やらせる」ための研修やモチベーション施策の案内がＤＭやメールで山ほど来ます。

ところが会社が用意する研修やモチベーション施策に社員はなんの魅力も感じなくなっています。

ＡＩやＩＯＴをツールとして活用し、研修方法も受講者参加型のワークショップ方式などを駆使しても、透けて見えるものが会社都合であれば社員は「やらされ感」を感じてしまうのです。

競争・効率最優先、アメとムチ、鼻先に人参のような発想から抜け出し、仕事そのもの、そのことをすること自体に、そのことの内側に、そのことの過程に夢中になったり悔しがったり手応えを感じたりする要因を創ることはできないのでしょうか。

それじゃ競争に勝てない、儲からない、会社経営が成り立たないと心配になるかも知れませんが、次の条件でどちらが成果を出すかを考えてみてください。

■競争・効率を最優先のビジネスモデルと運用システム、それをその通りに実行することを義務付けられた「やらされ感」が蔓延している組織と個人

■仕事の意味・意義を理解し日々の仕事から多くを気づき学び、自分の成長とやりがいを求めてやまない、仕事と会社と社長が「好き」な組織と個人。

どうですか、後者は前者に負けますか。

第6章で少し触れますが、今、生産性の低下の最大の課題は「プレゼンティーイズム」です。それは会社を休むほどではないけれど気分がすぐれない、集中できない、やる気が起こらない状態のことです。これが大企業だけでなく、中小企業でも大きな問題になっていますが明確な対策は見えていません。これらは明らかに「好き」なことには無縁の状態です。

コーヒーショップで資格試験の勉強に頑張っているビジネスマンたちは相当のエネルギーをそれに投入しています。だからと言って、試験勉強そのものが「好き」なのではありません。

そのエネルギーの源は転職して遣り甲斐や手応えのある仕事、夢中になれて「好き」になれる仕事、それができる会社を求める気持ちです。

今もどこかで多くの人が「好き」になれる仕事と会社と社長を探し求めている、と言って大げさな話ではないのです。

「強み」がない平凡な会社のケタ違いの成長を目的とする、自主管理経営のノウハウの最大の特徴は日常業務そのものに3つの「好き」要因を組み込むところにあります。

後付けではなくそのものに、その中にその過程に、夢中になったり手応えを感じたり、プライドが持てるようにする仕組みです。それは外から見えない模倣もし難い差別化戦略です。

自主管理経営のコンサルティングプログラムは次の、見た目は平凡中身は非凡の5つ仕組みで構成されています。

仕組みその1　自主管理経営式・理念深耕

仕組みその2　自主管理経営式・「強み」創造マニュアル

仕組みその3　自主管理経営式・自動巻きPDCA

仕組みその4　自主管理経営式・賞与、昇給原資を稼ぐ人事評価制度

仕組みその5　自主管理経営式・全ての仕組みを教育で括り経営トルクを創る

仕組み　その１　自主管理経営式・理念深耕

経営理念に社員へのプレゼントも組み込む

会社の基本的な考え方・経営姿勢、目指すべき方向性を表す経営用語は、経営理念、社是・社訓、使命・ミッション、ウェイなど様々ですが、これら全部を広義の経営理念と捉えても問題はありません。

また、経営理念よりも、自社の事業のあり方・特徴を明確に表現する言葉に、事業領域、事業定義、戦略ドメイン、事業コンセプトがあります。（以下事業定義とします）

これらの言葉には共通する必要条件があります。それは、①対象顧客 ②他社との差別化要因 ③独自な提供価値です。

この３つの条件を徹底して検討することで、全ての市場・お客様ではなく、当社にとっての理想の市場・お客様は誰で、その市場・お客様に他社とは違うどんな価値を提供するのか、提供する価値を創造できる源泉は何かが鮮明化します。（それは現在なく未来であっても良いのです）

それにより自社から市場を見る視点と見え方が変わり、自社の事業目的の次元が上昇し共通の価値観・認識が一新されます。

私は、この事業定義も広義の経営理念の範囲に入ると考えています。また、高尚な精神論や壮大過ぎて現実味が感じられない経営理念より、中小企業では事業定義の方が具体的で社員に伝わりやすいと考えています。

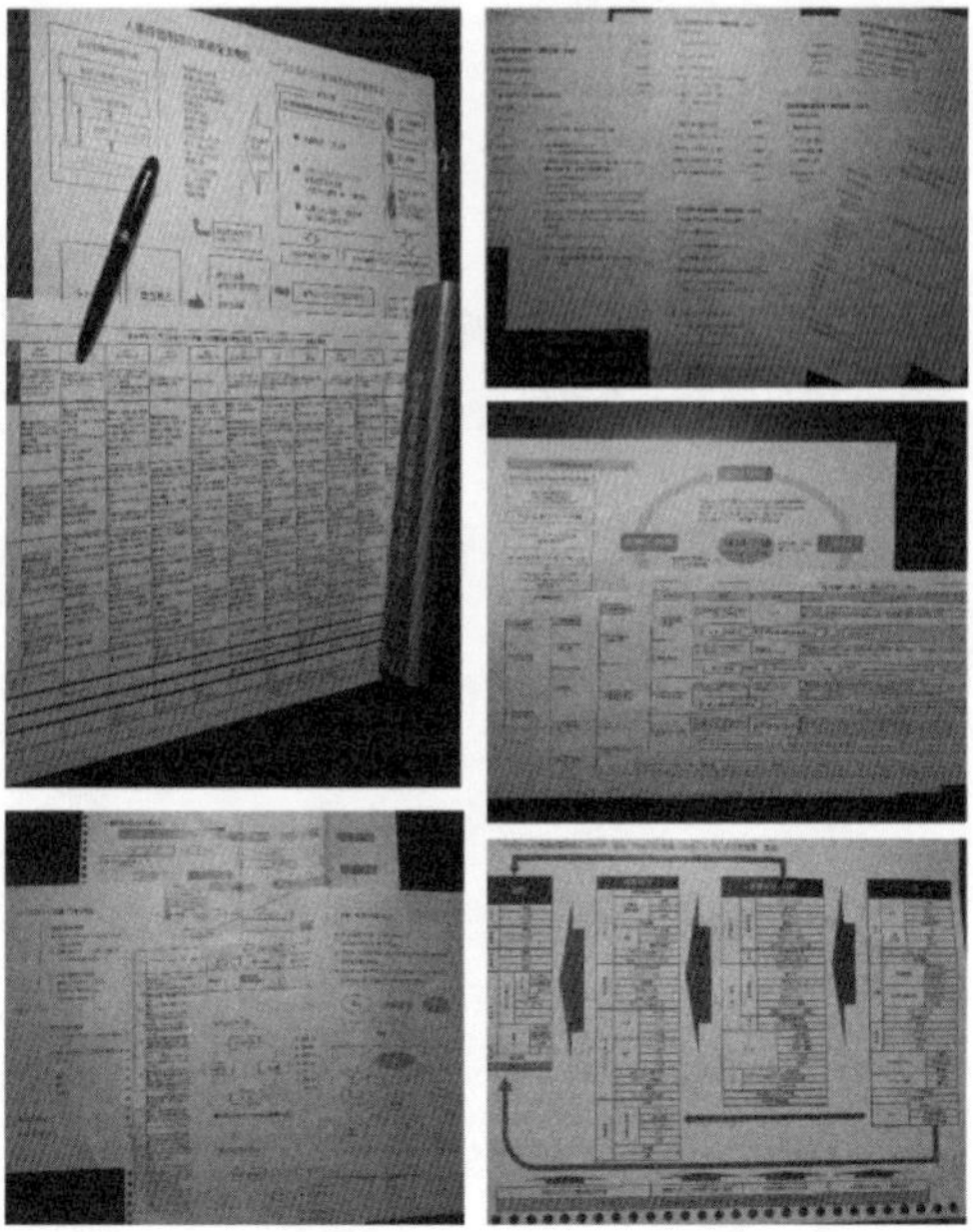

検討フレームワーク
ポイント図解　一工程ごとのレジュメ
自主管理経営構築工程表

私たちは誰に支持され満足していただきたいのか、誰がライバルなのか、どんな事を「強み」とすべきなのか、誰も彼ではなく自分たちの価値を分かってくれる誰なのか、それがはっきりしている方が頑張りやすいからです。

いずれにしても社員は会社の中に多くの言葉があると迷いますので、社長がひたすら考えご自分の中から絞り出したエッセンス、絞り込んだ一文を経営理念とします。これらの事を踏まえた上で３つの「好き」を培う自主管理経営では次の２つの条件を充たす経営理念を強く推奨しています。

■条件①、社長と社員が一緒に目指す経営理念を社員は「好き」になるか

社長と社員が隣りあって同じ方向をみているシーンをイメージして、その視線の先に経営理念があります。「みんなとあそこに行きたいのだけど」と社長が言うと、多くの社員が「私も絶対行きたいです」と心から賛同するかです。そのためには経営理念の中に「好き」要因が必要です。

●挑戦のゾクゾク感　●誇り・プライド　**●売上・利益の確保と持続の期待感**

はじめの2つは分かるが3つ目は「好き」要因とどう関わるのかと疑問に思われた方もいらっしゃると思います。その理由は、企業経営での「ゾクゾクするような挑戦」に大きな「儲け」の期待感がなければ社員は「ゾクゾク」できない気がするからです。

誇り・プライドと売上・利益は表裏一体です。売上・利益は顧客或いは社会の自社に対する評価であり感謝の表れですから、会社経営でそれが低ければ誇り・プライドはやせ我慢になってしまいます。

売上・利益の確保と持続はやってみなければ分からないのは当たり前ですが、社長が考え尽くして儲かるイメージが持てるかどうかで社員と踏み出す最初の一歩の向きも力強さも違います。

第3章の「生産性も創造性も」で考え尽くす、考え切ることについて説明させていただきましたが、経営理念は社長が考え尽くし、考え切らなければならない最大の課題です。

事例に上げたA物流会社のY社長は3カ月間、30通りの経営理念を作成しました。私は伴走のように20通りを考え、全部で50通りの中から二人で選びました。結果は意見一致、Y社長が考えた29番目が選ばれました。この経営理念を軸としたブレない経営が大躍進の始まりだったとY社長はおっしゃっていました。

■条件②、社長からの社員へのプレゼント

社長が社員に向かってプレゼントを手渡しするイメージです。社長からのプレゼントの箱を開けたらその中に多くの「好き」になる要因が入っていることです。

・気づき、学び　・成長実感　・全力を出し切った感　・競い合いの緊張感・創意工夫の成果の喜び　・心からの悔しさ　・挫折と克服・仲間との励まし合い、喜びの分かち合い　・多くの人との出会い　・そのことを通じての様々な経験・体験など。

これらは50人の方にお聞きした「好き」なことには何があるのですかの質問の回答と同じです。

どのような言葉や文章で表現するかは別として「消費しても自動的に再生されて枯渇しない、持続可能でエコなエネルギー」を得ることが出来る「好き」要因を社長から社員へのプレゼントとして経営理念に組み入れるのです。

一つ目の条件は、経営ビジョンや経営戦略を方向付けるもので、多くの会社が経営理念に盛り込んでいますが、２つ目の条件を意識した経営理念は極ごく稀です。

経営理念は社員が社長と一緒に実現する会社の大きな目標です。そこでは社長と社員は一体です。しかし、社長と社員はどこまでも一体ではありません。退職もあれば解雇もあるので、条件付きの一体です。その条件とは、お互いに選び、選ばれた関係が成立しているということです。
事例企業のA物流会社Y会長の「辞めたくない会社」であり、「辞めて欲しくない社員」というのと同じです。
社長からのプレゼントが何で、それを心から喜んでくれる社員かどうかで、相互選択を確認することができます。仕事にお金だけを求める社員には、ワクワクするような経験・体験は無意味ですし、高額な報酬ばかりを求める社員を社長は雇いたくないでしょう。ですから、プレゼントをあらかじめはっきりさせておくことで、欲しい人材だけを磁石のように引きつけ、そうでない人材は寄せ付けない働きをするのです。求心力と遠心力の両方を持つということです
そしてそれを経営理念に組み入れるということは、そのことに対する社長の「言行一致」の確約ですから、社員募集のキャッチや採用向けの会社パンフレットの、うたい文句とは重みが全く違うのです。

経営理念とその浸透策、ドライでシビアな社員の本音

経営理念の重要性を認識している社長は、経営理念を浸透させるべく、職場の壁に掲げ、カードにして社員に持たせ、毎朝の朝礼で唱和させています。また、月に一度の経営計画進捗会議の始まりに、経営理念をテーマに話をしています。

しかし、社員が経営理念の本質を理解し、賛同・共感し、いちいち言わなくても経営理念を踏まえた行動を取ってくれる、経営ビジョンを自分事として一緒にめざしてくれるところには程遠い状態のようです。

経営者の様々な経営理念浸透策にも関わらず、依然として腹落ちしてくれない社員の本音はどうなのでしょう。そこで私が社員の心の中の字幕を文字に起こしてみます。

●会社の経営理念或いは経営ビジョンといってもそれは社長の夢であり、社長の将来の目標であり、価値観であって自分たちとは関係ないことばかりです。私たちはずっとこの会社で働くかどうかはわかりませんし、もっと良い条件の会社があれば転職するかもしれません。

●社長は経営理念を毎日唱和させ、私たちの心に浸透させようとしているけれど、私たちには少しも響きません。経営理念で私たちの意識改革を狙っているかと思いますが、私た

ちの意識ってそんなにだめですか。仕事はそれなりにやっているのですから、どんな考えや価値観を持とうが私たちの自由じゃないですか。

●社長はご自分の価値観や目標を何回も何時間も掛けて私たちに話しますが、私たちの価値観や目標を聴いてくれたことは一度もありませんよ。

かなり手厳しい表現になってしまいましたが、経営者の考えや想いと社員の本音はこれ程の差があるのが現実です。とは言っても、この状態を変えなければ経営理念は「絵に描いた餅」ですし、浸透策は社長にとっては苦行、社員にとっては罰ゲームのような押し付けになってしまいます。

そこで重要な役割を果たすのが、前述の2つ目の条件、社長からの社員へのプレゼントなのです。

社員を大事にすること、他社ではできない経験や成長の機会を提供し、仕事と会社が「好き」になるようにする事、最後は「この会社に入って本当に良かった」と言って貰える会社にすることを経営理念に込め、実現することで「言行一致」を約束するのです。

仕事と会社と社長が「好き」の、はじめの一歩は信頼関係

社員は口にこそしませんが、「社長は顧客を大事にする程には自分たちを大事に想っていない」、会社は「人」だと口では言っているけれど、結局大事なのは会社であって私たちではないと思っているかも知れません。

ですから、会社が目指す顧客や市場の方向だけでなく、社員の方を向いた社長の想いを経営理念に組み入れ、宣言・約束し、言行一致の具体的な行動で本当の事だと証明して行くのです

そうすることで社員は、社長と会社を信頼し、経営理念が自分事に変わります。社員が会社と社長を信頼し、経営理念が自分事になったら浸透策など必要が無くなります。社員が会社と社長を信用していなかったら、どんな経営理念浸透策も無意味になります。

社員へのプレゼントといっても、社員が喜びそうな言葉を駆使したり、社員に迎合するのとは違います。厳しさや高い志で甘い考えの人材を選別しても良いのです。

この社長、この会社で仕事をすることで、他社では得ることのできない、何があるのかを示し、お互いに選び、選ばれる本音の関係を成立させるのです。

社員にとっての会社の存在価値、他社では得ることのできない何かと言われても、容易なことではありません。社長の考えと想いを過去・現在・未来に至るまで深く耕してください。それこそ寝ても覚めても、です。そうすることで社長の心・気持ちの奥深いところで、それまでとの「微差・僅差」が生じてきます。それが一皮むけた時、何かが弾けた感じがした時、「これだ」というものが見つかりますし、聴こえてくるはずです。それは明らかに社長ご自身の「強み」になります。

理念深耕をさらに深考

経営理念に必要な条件①経営理念を社員が「好き」になれるか、条件②経営理念に社員へのプレゼントが組み込まれているかについて、表現を変えて説明します。

経営理念の深耕は、**①外に向けて上昇するように次元を高めること、②内に向けてさらに深く掘り下げること、内外・上下の両方の考え尽くしが重要です。（上昇するように次元を高めることも思考を深めるという意味で深耕という言葉を使います）**

介護事業をモデルに、ほぼ同じ事業内容の2社の事例比較で説明します。

介護事業A社の経営理念は「利用者に寄り添って、利用者が笑顔になれるサービスを提供する」とします。

一方介護事業B社の経営理念は「利用者の心身の健康の持続を支援し、利用者とその家族の笑顔を増やします」とします。

A社とB社は同じ形態の介護事業者なので利用者の排泄補助の作業があります。（排泄補助とはおむつ交換です）

A社の職員は利用者のお尻を綺麗に拭き取り、明るく声掛けしながら手際良く清潔な状態にするので、利用者はほっとしたかのように笑顔になります。

B社の職員も同じ作業をしますが、途中で一手間加わります。利用者の便を注意深く観察する行為で、母親が赤ちゃんの健康状態を便の状態で確かめるのと同じです。

経営理念の違いがA社とB社の日常業務の違いとなって職員の行動レベルに落とし込まれた瞬間であり、差別化戦略が具体化した瞬間でもあります。

介護事業なら当然に行われる作業でも職員の日常業務の些細な違い（微差・僅差）が利用者の病気の早期発見、命を救う決め手になることもあるのです。

同じ排泄補助でも、寄り添うと心身の健康の持続では作業の次元と重みが異なるのです。作業の次元の差は経営理念の次元の差であり、社長の考え尽くし、考え切りの差なのです。

顧客である利用者とその家族、担当するケアマネージャーはA・Bどちらの事業者を選び、自分自身を、家族を、担当利用者を託すでしょうか。働く社員はどちらの経営理念を「好き」になれるでしょうか。

B社の排泄補助のマニュアルには、母親が赤ちゃんの便を確かめるように愛情と細心の注意を傾けて、観察することの意義・目的、観察の仕方、留意点が明記され、実行の徹底が確保されています。
些細な変化を見逃さない職員に利用者の家族は感謝し、その素晴らしさを周囲に伝えます。担当したケアマネージャーはこの事業者なら安心して任せることができると確信します。

社内では日報や報告書へのコメント、事例報告会を通じて担当した職員に上司・同僚から承認・賞賛が贈られます。職員も自分自身を誇りに思い、成長を実感します。職員から会社での出来事を聴いた家族も感動し、安心し、自慢に思い、尊敬し、子どもたちは自分の親の働く姿勢を手本にするかも知れません。経営理念が内に向けて掘り下げられた瞬間です。深耕した経営理念で次元を変えた日常業務が職員本人の将来にどれだけ好影響を及ぼすか計り知れないのです。

こうした他者からの承認・賞賛、自分に誇りを感じることは週に一回かも知れませんし、月に一回かも知れません。それ以上に失敗したり、挫折感を味わうことの方が多いかも知れません。しかし、それさえも経営理念の一文が明日への糧に変えてくれて、職員の介護のプロとしての次元を上げることになるのです。

これが他社では得られない、経営理念に組み入れる社長からの社員へのプレゼントです。

経営理念の次元は一つの職務に留まらず、日常業務の隅々に些細（微差・僅差）でありながら、重要な違いをもたらします。

どんなにすばらしい経営理念を掲げ、経営戦略を策定したとしても、その実現は社員の日常業務の行動に落とし込まれた瞬間です。その集積が他社には追いつけない「強み」となり、良き組織の風土を創り、良い人財を定着させ、良い人財を呼び寄せます。こうしてケタ違いの成長軌道が整っていくのです。経営戦略用語に言い換えるならまぎれもなく、真似のできない競争優位です。

仕組みその1理念深耕ということで経営理念の考え方を説明してきました。

これから引き続き、**仕組み2～5迄**の話を進めていくのですが、全ての仕組みに経営理念は影響し組み込まれていきます。

経営理念は言葉として、耳に聞こえ、文字として目に見え、イメージとして頭に描くことができますが、いずれにしても定性的で測定し難いものです。

そこで必要なのは経営理念の実現度、到達度さらに社長の言行一致の見える化、すなわち経営理念の定量化・数値化です。これについては、仕組みその３独自の月次業績報告書による自動巻きＰＤＣＡで詳細に解説します。

また、経営理念は経営戦略へと落とし込まれますが、それも文字・文章で定性的なままです。

この経営戦略を具体的な業務レベル・行動レベルに落とし込んだものがマニュアルです。ですからマニュアルとは、本来経営理念・経営戦略の具体化・行動化にその役割があるのです。

繰り返しになりますが、経営理念も経営戦略も、具体化の瞬間は、現場にまで落とし込まれ、細分化された日常業務の社員の行為・行動に表れるべきものなのです。

多くの中小企業では経営戦略は曖昧なままに決定され、曖昧なままに終わるのです。それは経営理念の言行不一致に他ならないのです。この詳細については、仕組みその２「強み」創造マニュアルでご説明します。

経営理念はさらに人事評価制度の評価項目や組織開発・社員教育のカリキュラムにも組み込まれていきます。経営理念の浸透策には色々な手段・方法がありますが私は経営の重要な仕組みの中に組み込み意識せずとも実践している、いつの間にか習慣化されているというのが本来の理念浸透策だと考えています。

これについての詳細は仕組みその4　自主管理経営式・賞与、昇給原資を稼ぐ人事評価制度と、仕組みその5　自主管理経営式・全ての仕組みを教育で括り、経営トルクを創るで説明します。

仕組み　その2　自主管理経営式「強み」創造マニュアル

マニュアルに関しては経営者によって、不思議なくらい評価が大きく分かれます。

●単なる手順書で覚えてしまえば二度と見なくなるし、みんな自分のやり方が一番だと思っているからマニュアル通りにしないし、それで問題も起きていないという見解のマニュアル不要派

●マニュアルは単なる手順書ではなく、一番成果の出るやり方を誰でも同じようにできるようにするためのノウハウを「見える化」したものだという見解のマニュアル重視派

私が新卒で入った音響メーカーではまさしく前者でした。業務改善・推進部門の指導の下で作られた分厚いファイル50冊（私の所属部門は全員で65人）のマニュアルは、完成まで数カ月の期間を要しました。しかし完成後はキャビネットの中に保管され、それを取り出している人の姿を3カ月後には見かけることがなくなりました。

私が勤務していた会社は、昔ながらの管理法をベースとした、能率・効率追求のための標準化・マニュアル化が染みついていましたので、家電製品の取り扱い説明書のような手順書がマニュアルでした。ですから慣れて覚えてしまえばそれでおしまいなのです。

正直を申せば私自身も担当業務のマニュアルを作っただけで一度も活用しなかった一人です。しかし、中小企業の経営を支援するようになって、マニュアルは大事だと思うようになりました。

私の身近な中小企業では、業務全般に渡って、極端な程に個人依存になっています。職人仕事は言うに及ばず、どう見ても職人仕事ではないような仕事も、特定の個人、その人でなければできない、分からない状態になっているのです。

どう見ても同じ仕事なのに、やり方・品質・スピードが個々に違う。なぜ違うのかを確かめてみると「教えてくれた人が違う」ということで一子相伝になっているのです。

特に無形商品を提供するサービス業は、人それぞれのやり方があるということで始めからマニュアルに否定的です。自分たちの行為・行動自体が商品であることの自覚が薄く、品質、スピード、顧客満足の個人差が大きく、その差を埋めるのは経験と時間だけだと思っているようです。

多くの中小企業で他の人ではできない・分からない・人が替われば生産性が落ちるなどの理由から配置転換・ジョブローテイションができません。忙しい人と忙しくない人の差が大きく、残業が極端に多くなっても特定の個人がいないと仕事が回らないからどうすることもできません。

特定の個人が退職するとその人が身に付けたノウハウ、実践知まで社内から消えてしまいます。これが第二章の「オレ様社員」の温床にもなっています。こうした状況を打開するにはマニュアルを充実させることが一番の近道なのです。

当社のコンサルティングプログラムでは「組織―システム思考」の必須アイテムのマニュアルについて、次の３つの目的を重視しています。

目的①マニュアルは経営理念・経営戦略の具体化・行動化

経営理念・経営戦略は、マニュアルによって現場の行動レベルに落とし込まれていなければ「絵に描いた餅」になり「言行不一致」になってしまうと既に申し上げました。

本来経営理念には事業や業務の目的・意義を、それまでとは全く違う次元に引き上げる力があります。今まで特に意識もせずにしていた作業が経営理念を深く理解し、腹落ちした瞬間劇的に重みが増すのです。

医療現場の仕事であれば、自分たちの行為・行動が患者さんの命、ご家族の幸せに深くかかわる事が直接的に認識できます。

ところが同じく医療に関わっていたとしても、例えば内視鏡の小さな部品の孫請けの仕事なら、患者さんの命に係わる仕事であっても単なる金属の塊を削る作業としか社員は認識していないかも知れません。

その認識を変えさせること、金属の塊を削る作業をしながら内視鏡の手術の様子や手術台の患者さん、手術室のドアの外で待つ家族の様子が想像できるようにするのが経営理念です。

しかし、経営理念がしっかり腹落ちできたからといって、社員の誰もが大差なく認識でき、想像できるとは限りません。その認識の差、想像の差が行為・行動の差を介して部品の微妙な精度・品質、効率の差となって顕在化するのです。

この部品が何であってどんな用途に使われるのか、それを踏まえた作業手順・工程であって、この道具を使ってどんな注意を払いながら何をするのかを詳細に示す必要があるのです。ここまでしてこそ、経営理念は具体化され浸透し外に向けて差別化・競争優位の実現、内に向けて人財の成長、定着の磁力になるのです。

このようなマニュアルに対する私の考えを、再確認できる出来事がありましたのでお話します。

目から鱗の絶品マニュアル

有難いご縁があって、ファッションセンターS社の当時の社長F氏と会食する機会に恵まれました。色々なお話を伺った後、「一度会社に遊びに来なさい、当社のマニュアルと改善提案制度をお見せしますよ」と声をかけていただきました。

またとない機会だと思い、後日S社の本社社長室にお邪魔しました。そこで14・5冊の分厚いファイルを特別に見せていただきました。

それはS社の立地選定から日常の店舗運営に関わるノウハウが詰まったマニュアルでした。たくさんの差し替えの痕跡と付箋が貼ってあり、使用頻度の多さが一目瞭然でした。

S社のマニュアルの構成は、まず業務の名称、次に業務の「基本的な考え方」と題して本質的な目的・意義が丁寧に書かれています。一般的なマニュアルでは見たことない項目です。

大変わかりやすい文章なので誰もが理解でき、そこまで考えるのですねと感動し、納得します。具体的な手順やポイントの詳細な記述と図がこの後に続きます。

マニュアルの対象業務はまさに「全ての業務」で、誰でも簡単にできそうな「店舗の植え込みの水まき」もありました。細部は覚えていないのですが「基本的な考え方」は印象的でした。

水まきですから、植物を枯れさせない為と書いてあると思いきや、お客様を気持ちよくお迎えする為のおもてなしと書かれていたと記憶しています。

Ｓ社のマニュアルの定義は「現時点で最も優れた仕事のやり方」であり、もっと良いやり方があれば改善提案を通じて差し替えて、ノウハウの鮮度を維持する仕組みとセットになっていました

さらに、毎年の経営方針が発表されるとパートさんも含めた全社員が業務を再考し、この方針ならこうすべきだと改善提案でマニュアルの変更を申請します。その数、毎年一万数千件です。

Ｆ社長は「年度方針でマニュアルというぬか床をかき混ぜ、空気を入れる」という表現をされていましたが、意味深い言葉として心に残っています。

マニュアルと改善提案、大手製造業なら生産性向上策として定番ですがＳ社のそれは明らかに、経営理念の浸透策、経営戦略の具体化であって次元が違うと感じます。

目的②マニュアルで日常業務を「強み」創造サイクルそのものにする

自社の「強み」を作る「強み」創造サイクル（第3章）を一つ一つの業務のマニュアルに組み込み、「強み」創造マニュアルとして運用していきます。

「強み」創造サイクルは企業の成長を阻む壁、難問・難題を避けることなくむしろ歓迎し、試行錯誤を楽しむ。試行錯誤の中から微差・僅差を見出し、形にして実務にフィードバックし日常業務を微差・僅差だけ進化させる。そしてこのサイクルを愚直に回し続けることで「強み」が量産される。

このサイクルをマニュアルに組み込むのですが、全部の業務でなければならないということありません。

コアの業務或いはテコの作用点のような、少しの力で大きな成果をもたらす工程に組み入れれば良いのです。

設備ロボットの設計・開発会社AP社の事例で説明します。AP社の社長はご自身も設計者であり、他社が真似できないような斬新な設計で多くの傑作を世に送り出しています。

この会社の場合「強み」を創るのではなく、「強み」をいかに継承するかが最大の経営課題ですがマニュアルの考え方は同じです。

社長ご自身も設計者であるため、「自分一人の力でやり遂げ、自身の設計力に誇りと自信を持ちたい」という、設計者の願望や価値観がよく理解できます。ですから、顧客との初回の打ち合わせから基本構想の企画、具体的な設計に至るまで極力一人の担当者に任せます。

目まぐるしい程に製品寿命が短くなっているので開発期間を短くしたいメーカーはスピード優先で細分化した分散設計を採用するのが普通です。進捗管理は厳しく日時で上司と1on1で行われますが、ＡＰ社は設計者の成長と遣り甲斐が優先です。

一方で、ＡＰ社の経営理念の中には「顧客の期待を超える」という一文が入っていますし、「決して駄作を出さない」という設計方針もあります。

設計の仕事は先に進めば進む程、後戻りが難しくなります。担当者一人に任せきりにすれば、設計者の自己満足に陥ることも設計者一人が背負い込んで重圧と孤独に苦しむこともあります。

そこで社長が考案したのが自社独自の設計プロセスです。この設計プロセスには社長の設計思想・哲学が組み込まれていて、完成までの節目・節目の大事な工程でどんな方法で何をするかが程よく定められています。

例えば「基本構想の時点で、皆の意見を聴く」という工程があります。これは、お客様からの難問・難題を歓迎できるように設計部門全員で担当者を支援するのが目的です。

やり方は勉強会形式でのディスカッションですが、他者への説明を通じて自分でも気が付いていなかったことに気づくセルフコーチング効果が期待できることと、一つの案件をケーススタディとして全員の学びに役立てることができます。

自分の考え・アイディアは、そのままであれば「一人よがり、自己満足」かも知れません。しかし他者にも理解できるように、なぜこの設計にしたのか、なぜこの部品を採用したのかと、自分の設計に他者の視点の「なぜ」を繰り返しそれを言葉にします。そうすることで自分の考えがより深まり、思いもよらないアイディアが浮かんだりもします。また、上司・同僚設計者の意見は、時には顧客以上に厳しく社長からの助言はまさに「強み」の承継です。

設計完了までにはさらにいくつかの考え抜かれた独自な工程により、設計者自身と設計部門全体と設計図面が磨かれていきます。

そして設備ロボットが完成したら、制御部門、組立部門まで集めて総合的な社内評価会を開きます。顧客の仕様は満たしたか、顧客の期待は超えたか、どこにもないアイディアはあるかなどを関係者全員で1つの案件から多くを学びます。

出荷の際は関係者全員で完成品を載せたトラックを見送ります。

「本当ならこんな事している余裕はないのだけどね」と社長は苦笑いですが「顧客の期待を越える」、「決して駄作を出さない」はすっかり社内に浸透し、ＡＰ社の企業文化になっています。

目的③マニュアルで「3つの好き」を培う

業務プロセスの中に仕事を通じての気づきや学び自己成長の手応え、他者からの承認や賞賛、顧客からの感謝など「好き」になる要因をマニュアルに組み入れ運用します。狙いは社員に仕事・会社・社長が好きの3つの「好き」を培うことです。

培われた3つの「好き」は、「強み」創造サイクルを日常業務に組み入れた「強み」創造マニュアルを力強く回す原動力になります。

日常業務を通じて「強み」を創造し3つの「好き」をも培うという「両方同時」が狙いです。

私の会社では3つの職種がありますが、職種に関わりなく前日に次の項目を自分で設定してクラウドにアップし社内全員で共有します。

■一日の期待成果とゴール
■起こり得る問題・課題の仮説
■事前の準備事項
■一日の大まかな行動計画

そして、随時実績を他者が読んでも分かるように書き込みます。同時に、困った事や指示・判断を受けたい事が発生したら直ちにクラウドにアップします。それを上司、先輩、同僚が業務の合間の隙間時間を使って情報提供・アドバイス・指示・承認をします。

さらに、仕事をしていて手応えがあったことやお客様から喜ばれたこと、反省や自分自身の成長課題など一日の終わりではなく、その都度メモ程度で良いので書き込みます。それに対して、内勤や在宅のパートも含めた社員全員が強制ではなく、自由に「一言コメント」の書き込みをします。

事前に自分なりに、期待成果やゴールをイメージすることは「好き」になる要因の「挑戦のゾクゾク感」や「誇りとプライド」に通じます。困った事や指示・判断を受けたい事にいち早く回答が貰えること、社内の皆から「一言コメント」や情報提供が受けられることは「仲間との励まし合い、喜びの分かち合い」に通ずるものがあります。

何より、本人には解決できないことを抱えたままの時間が短縮され、業務効率以上に思いやりと感謝の気持ちが職場の生産性を高めます。

また、振り返りを通じての内省・反省は「創意工夫の喜び、気づき学び、成長実感」に通じ「好き」要因であると同時に経験を通じての学習でもあります。

こんなややっこしいことをパートや在宅勤務者にもさせて生産性が落ちるのではと心配になりますが、労働時間＝学習、すなわち教育の時間と考えれば、わざわざ教育・研修の時間を設けなくてもよいことになりますし、慣れればたいした時間もかからなくなります。

随時の報連相は業務の停滞を回避し、言った言わないの責任転嫁も起こりません。

同じ仕事を同じようにしても、そこから多く事を学べる人と学べない人がいます。繰り返さる毎日においては1日の差は小さくても、一ヶ月、一年で背中が見えない程の差がついてしまいます。

それを本人の自覚の差・能力の差で片付けずに、仕事の中からの気づきや学びを促し迫るプロセスをマニュアルに組み入れるのです。

それが単純業務であっても例外ではありません。単純業務こそ「好き」要因を業務プロセスのどこかに1つでも組み込めば何も考えないで、ただひたすら同じことを繰り返す退屈な単純業務が工夫とやりがいのある業務に変わります。なぜ、そうするのか、そうするとどうなるのか、だからこうしなければならないのかと仕事をしながら思考レベルを上げて行くのです。

自主管理経営式のマニュアルは家電製品の取説とは違うのです。スピード優先、効率優先、ムリ、ムダ、ムラの排除ばかりで仕事をつまらなくするのではなく、この仕事をこうやったら面白いぞ、楽しいぞ、成長するぞ、成果も出るぞ周囲から認めてもらえるぞ、お客様から感謝されるぞ、仕事がもっと「好き」になるぞを教え気づかせ習慣化させるものなのです。

仕組みその３　自主管理経営式　自動巻きPDCA

なぜ、経営計画が「絵に描いた餅」になってしまうのか

会社には所謂「絵に描いた餅」がたくさん存在します。その代表的なものの一つが経営計画（中期経営計画も含む）ではないでしょうか。

挑戦的なストレッチ目標を立てたけれど達成できない、それ以前に何も手を付けられなかったという話は珍しくありません。

なぜ、経営計画が「絵に描いた餅」になってしまうのでしょうか。いろいろな原因が考えられますが、その前にそもそも経営計画とは何か、なぜ何の為に作るのかを考えてみます。

まず、なぜ何の為に作るのか、目的を考えます。目的次第で経営計画とは何かの定義も変わるし構成・構造も、策定プロセスも変わります。

経営計画を作る目的は会社を良くするため、競争に勝ち残る為だということは分かりますが、それではどこの会社とも同じです。会社を良くするとはどういうことか、何の為に良くするのか誰とどんな競争をして、どう優位に立つのか迄詰めていかなければ自社の経営計画の目的として充分ではありません。「そこまで考えていなかった」と社長のつぶや

きが聞こえて来そうですね。

自主管理経営での経営計画を作る目的は、深耕した経営理念の実現だと定義づけしています。外に向けての競争優位の強化・持続、内に向けての社員を引きつけ、当社が欲しい人財を呼び寄せる磁力の強化・持続であって、いずれも社員の3つの「好き」の実現です。目的は上に向かって多段階であり、下に向けても重層構造です。中期あるいは短期の経営計画では時間軸が加わります。

いずれにしても、経営計画は経営理念実現に向けて、社員が仕事と会社と社長をもっと「好き」になる物語です。物語ですから読み進めたくなるような、実行し実現したくなるようなワクワク・ドキドキが必要です。

良い物語は相手に伝わると誘発作用で、相手にもワクワク・ドキドキの自分の物語を創造させる連鎖反応を起こします。

経営計画のｗｈａｔ（何なのか）、ｗｈｙ（なぜ作るのか）がはっきりすれば、いつ、どんな手順でどんなフォーマットで誰と誰が作るのが一番良いかが明らかになってきます。さらに、進捗管理もいつ、どんな方法で、どんな進め方が良いのかも決まってきます。次期以降に繋がる最終的な評価・分析の方法・手順、フィードバック方法も自然なつながりとして見えてきます。

製造業では良い製品を目標期間・コストで完成させる為に最も効率の良い工程を設計します。良い製品とはどのように良いのかの仕様も明確で、納期・投入コストの目標も明確です。それを踏まえて工程を細分化し、どんな道具や設備でどう加工するのかを検討し、不良を次工程に流さないための工程間品質チェックも行われます。各工程を担当する人にはどんな知識や技能が必要でどう教育するかも準備します。さらに目標達成できたかどうかを確認・測定する指標も設定します。

経営計画の策定も進捗管理・最終評価も同じです。経営計画の大小全てのＰＤＣＡ（中期・短期・全社・部門）それぞれの策定工程・進捗管理工程・最終評価工程を仕事と会社と社長をもっと「好き」になるように、社員の気持ちと行動をシミュレーションするように、よく練ることが重要です。自主性を引き出し、他責の念を廃し、自己成長・自己実現をいかにリアルに認識させるか。他者・周囲への有難み、感謝の気持ちをいかに感じさせるか、全ては意図したプロセスの組み込みで可能なのです。

「絵に描いた餅」は必ず多くの成果をもたらす秘伝の書に一変します。

自分で回る、自動巻きPDCAの作り方

結果とプロセスのどちらが大事かという議論ではなく「原因と結果の法則」の原理原則を基本として考えれば、良い結果を得たいなら良い原因・プロセスを作ることが最大の近道で、良い原因・プロセスを作れば時間差はあっても必ず良い結果をもたらすことになります。

良い原因・プロセスの条件整備が必要なのは製造業に限らず、無形商品のサービス業でも同じことが言えるのです。

会社経営は財務数値の結果が全てで原因だとかプロセスとかは言っていられない、という社長の気持ちも理解できますが、それを社員に言ってもプレッシャーを与え、危機感を煽るだけで前向きな気持ちや積極姿勢にはなれません。社員はそんな重荷を背負いたくないし、背負えないから社員という働き方を選んでいるのです。

私の会社ではあっという間に過ぎる一カ月を「気づきと学び」の多い一カ月にすることで良い人財・良い意識を育てるように心掛けています。それが3つの「好き」に繋がると確信しているからです。

自主管理経営では経営計画とその実行促進について、自分で回る、自動巻きのための『**５つのＰＤＣＡ原則**』を定めています。
（Ｐ＝計画・仮説設定　ＤＯ＝実行・仮説検証　Ｃ＝評価・分析、効果測定、次に繋がる内省・反省　Ａ＝挽回策・改善策・強化策）

【原則１】ＰＤＣＡで一番重要なのは何より**ＤＯ**である。その**ＤＯ**に対して**「キモ」**になるのが**Ｃ＝評価・分析・効果測定**である。しっかりした**Ｃ**で確実な**ＤＯを迫り、**有効な挽回策・改善策としての**Ａを引き出す、**しかも仕組みで負担なく継続的に「有言実行」習慣を作る。

【原則２】財務数値は結果の数値、それに繋がる有効な原因・プロセス数値を設定する。結果と原因・プロセスの数値には、その連動性に時間差があり横並びで評価をしない。すなわち財務数値さえよければ「結果オーライ」にしない。（その逆もです）

【原則３】結果数値と原因・プロセス数値を自ら分析し、一カ月を俯瞰して、印象的な出来事、自分の判断とその根拠を詳細に記録し、その過程における個人の気づきと学びを他者と共有する。つまり「一カ月をやりっ放し」にしない。

【原則4】 個人の気づきと学びは組織「知」（微差・僅差）として、また次世代のための承継「知」として蓄積しつつ、常に鮮度を維持する。「自分のことだけでなく、他者のこと、次世代のことも考えよ」である。

【原則5】 蓄積した組織「知」（微差・僅差）を常に商品・サービスのバージョンアップや新商品・サービスの開発（強み）へと具体化する。言葉を変えれば「新商品開発も全社員の仕事だ」である。

これらの原則を**自主管理経営報告書**に組み入れ、継続運用します。継続こそ力、たとえ時間差はあってもＰＤＣＡのサイクルは社長が再三再四口うるさく言わなくても、自分たちで回る「自動巻きＰＤＣＡ」へと進化していきます。

会社の健康診断書、仕事のスコアカード

自動巻きＰＤＣＡで最も重要な役割を果たす帳票を自主管理経営報告書と言います。（中華料理チェーンＨ社では自主管理経営診断書）

自主管理経営報告書は、人間ドックの健康診断書やゴルフのスコアカード、野球のスコアブックに似た目的・役割とそれ以上の機能も発揮します。

健康診断書は「健康」と言う曖昧な概念を数値で見える化しています。ご自身は健康だと主張しても高血圧だったり、血糖値や肝機能の数値が悪かったら実質的な健康とは言えません。

自他ともに認める実質的な健康になるために、適正ではなかった数値の原因に対して「おそらく●●がよくないのかもしれない」と仮説を立て、具体的な改善策を実行します。その成果・効果を次回の健康診断で検証します。

野球のスコアブックやゴルフのスコアカードは、自分（たち）の試合やラウンドにおける判断・行動・技術という定性的な状態・状況を、定量的な客観データで描き出し、評価・分析を可能にします。同時にそれまでの練習方法の効果確認、練習姿勢や考え方の内省を

促し、次回までの改善・強化策を引き出します。

これらに共通するのは定性的な状態・状況を適切な数値で客観的に描き出し、改善・強化策という**未来の課題**を明らかにしていることです。

これを会社経営に応用したものが自主管理経営報告書ですが、結果数値と原因・プロセス数値を経営理念から求めることを重視します。経営理念は会社経営の土台であり、到達したい大きな目標ですが、「健康」にも似た曖昧な概念ですから、そこに向かっているのか、どこまで近づいているのかが分かりにくく、迷い易いです。そこで理念の定量化・数値化が必要になるのです。

平面的な経営理念を数値で立体化する

経営理念は理想、想い、志、願望・野望、哲学、存在意義などで、いずれも目には見えにくく、どれだけ実現できているのか、どこまで到達できたのかが分かりにくいです。しかし、経営理念を起点としたＰＤＣＡの立体構造から定量化・数値化が可能です。

経営理念はそのまま、或いは経営ビジョンを経由して、そこへ到達するための物語のような中期経営計画で行動と数値に置き換えられます。中期経営計画は、さらに詳細で具体的な年次経営計画へと落とし込まれます。

これらの因果と連鎖の関係がしっかり繋がっていて一貫性・整合性が充分であれば、中期のＰＤＣＡと年次のＰＤＣＡさらに、月次・日時のＰＤＣＡ迄も経営理念へと向かう螺旋のサイクルになるのです。

経営理念は中期・年次の経営計画によって行動と数値に置き換えられているので、どこまで近づき、どれだけ浸透しているかを確認することができます。

ところが会社によっては、経営理念は経営理念、経営ビジョンは経営ビジョン、中期経営計画は中期経営計画、年次計画は年次計画とそれぞれ別もののように策定され、扱わられ、一貫性も整合性も図られていないケースが見られます。そうなるとそれぞれの数値はどこかで分断されて、経営理念とそれらのＰＤＣＡは繋がりのない取り組みになってしまうのです。

人は大きな意義・目的に動機づけられますが目先のちょっとしたことを軽視してしまいます。しかし、今まで意識もしなかった目の前の、日々の業務が確かに経営理念に繋がっていると確信できれば、日々の業務の重みも数値への関心も高くなります。そして、高くなった意識や関心が日常業務の微差・僅差を生み、自社の「強み」を量産するのです。

多くの中小企業に経営計画を「絵に描いた餅」にしてしまう悪習慣があります。それは「出来たかどうか」以前に「やったかどうか」の問題、言行不一致、有言不実行のつまづきです。

それを回避する上でも経営理念に向けての立体的なＰＤＣＡによって、日々の業務と経営理念の繋がりをイメージできるようにする工夫が重要です。

大企業の場合は新規顧客開拓、新製品開発、新規事業の構築など「新」が付く未来の課題には、それに取り組む専門の部署や担当者が設定されます。しかし、中小企業では現在と未来の課題を同一人物であるプレイング・マネージャーやプレイング・プレジデントが取り組まなければならず、未来の課題への投入人員が足りません。平凡な会社がケタ違いの成長軌道に乗る為には、現場の一社員迄もが「新」のつく未来の課題の取り組みに参画するのが一番です。「好き」な仕事ですから、過剰な負担感よりも遣り甲斐であり達成感になるのです。遣り甲斐も達成感も本人次第の「個人依存」から脱却し、社長が仕組みで創る・仕向けることが重要なのです。

当然、現在の課題が優先され、未来の課題は後回しにされ、ひどい場合は一年間ほったらかしにされたままになることさえあります。

それを数値化・行動化し、自主管理経営報告書で常にスポットを当てつづければ、誰もほったらかしにはできませんから、進みます。それがミリ単位の微細な進捗であっても、これもまた貴重な「微差・僅差」ですから未来の大きな儲けの可能性です。同時に経営理念実現にぐっと近づいたことが実感できます。

財務目標と実行施策を横並びに評価してはいけない

財務数値を結果とした原因・プロセス数値には時間差があるとすでに申し上げましたが、その理由を説明します。

経営計画は売上・利益目標と実行施策の行動計画で構成されています。年次の売上・利益目標を月次に落とし込んだ数値計画だけのものは「予算書」であって、本来の経営計画ではありません。これだけの売上・利益をあげたいのだと掲げているだけで「どうやって」が抜けているのです。

売上・利益という結果の目標だけでなく、それを実現する原因・プロセスに当たる行動計画も必要なのです。そして進捗管理・会議すなわち**C＝評価・分析・効果測定**では次のことを重視します。

■財務数値の結果が良くても、実行施策の行動計画が未達・未実施であれば評価できない。

■財務目標がたとえ未達であっても実行施策の行動計画を達成していたらその項目は評価すべきである。

ということです。財務数値の達成・未達成の原因はその月度・その期間だけにあるのではなく、前月あるいは前年、さらにはそれ以前にあるかも知れません。

３年前に撒いた「種」がようやく実をつけたようなこともありますし、去年の失敗が今になって表面化してきたということもあります。

また、実行施策の中には新規開拓・開発など、数カ月、数年掛かりのテーマもあり、その月、その期間の財務数値には表れてこないものもあります。これら「原因と結果」にタイムラグあるものが、同じ月、同じ期間での報告書としてあがってくるのです。

収穫したか、種を撒いたか、荒れ地を耕したかといった、別々の次元の報告を同時に受けているのと同じなのです。財務数値の結果だけで一喜一憂するのは収穫だけの話をしていて、種まきや荒地の開拓の進捗に関心を向けていないということです。それは撒いた種の発芽を止め、せっかく耕した荒地を放置することと同じ行為なのです。

進捗管理・進捗会議は両方とも別々の次元で評価すべきであって、財務数値良ければ全て良しではないのです。誤解しないでいただきたいのですが、「がんばった、やるだけのことはやりました」という言葉だけのアピールを評価するのではないのです。本当にがんばってベストを尽くせば原因・プロセス数値の変化で確認でき、内省による明日につながる気づき・学びの記述が残る、それは評価に値すると申し上げたいのです。

社長と社員の「交換日記」、文字で見せる社長の背中

自主管理経営報告書は作成段階での独自な約束事によって、社員個々人に日常業務を通じての気づきや学びを促し、迫ります。そして気づきや学びとともに、仕事や会社への想いも合わせて自主管理経営報告書に、書き尽くされるように仕向けます。（自主管理経営報告書はチーム、部署、部門など最小の経営単位組織で作成します。）

気づきや学び、仕事と会社への想いが詰め込まれた自主管理経営報告書は、独自な約束事によって社内の隅々に循環し、単位組織の枠を超えた個と個のコミュニケーションを誘発します。

それによって全く別な仕事、日ごろの接点が挨拶を交わす程度だった個と個の情報共有や知恵の貸し借り、自発的な相互協力を発生させます。

それは、点と点が繋がって線になったような、それが拡がって面になったような現象であり状態で、どんな難問・難題を投げ込んでも大丈夫と思える安心感と頼もしさを併せ持つ組織的な受け皿と言えます。

前置きはこれくらいにして、本題の独自な約束事、運用プロセスを説明します。

まずは、自主管理経営報告書は単位組織の構成メンバー全員参加で作成します。そして、作成後直ちに社長に提出され、社長は熟読して通信教育の先生のように添削します。（組織規模が大きい場合は社長の前に部長や役員を経由します）

このやり取りを導入した会社によって表現が違いますが「社長との交換日記」とか「社長との文通」と言って社内の標準語になっていきます。

いずれにしても社長は、社員が一カ月間どんな事に取り組みどんな経験をして、業務を通じてどんな気づきと学びを得たかを文書から読み取ります。それを踏まえて、感心したり、褒めたり、助言したり、時には容赦なく一喝します。それは一方通行のやり取りではなく、文書による本気の対話です。

自主管理経営を導入した会社の社長の書き込みを良く読むと、ご自分の過去の経験、仕事観や人生観にも触れ、相手に合わせた分かり易い言葉で諭している、文字で社長の背中を見せているように感じることが良くあります。文章の上手い下手は関係はなく、長い短いも問題ではありません。

社長は朝礼、経営計画の進捗会議、管理職会議でも一方的に話したり、説明することがほとんどで対話にはなっていません。まして社員が書いた文章を良く読んで、相手のことを思い浮かべながら返信を書くことは恐らく皆無に近いのではないでしょうか。

ご自分の考え方や目標を社員に理解させるために費やす時間や手間に対して、社員を理解するための時間や手間はどれくらいでしょうか。

社長の考え方を社員に理解・浸透させようとするならば社長も社員の一人一人の事を知り、理解する行為が必要ではないでしょうか。

それは経歴、勤怠状況、職務姿勢など目に見えやすいことではなく、関心を持って注意深く知ろうとしないかぎり分からないことです。例えば、日々の仕事を通じての関心事、遣り甲斐、葛藤、悩み、挫折、喜びなどです。

それは改まって時間を取って話を聞くより、本人が描いた文章から読み取る方が簡単です。その人が描いた文章を良く読むということは、その人の言葉に耳を傾けるということ、そしてその人を大事に思うことに通じます。

次に、社長の添削・書き込みが終わった後の自主管理経営報告書は全ての部署に回覧、或いは閲覧と書き込み可能な状態にして、全社員が目を通します。

他部署の自主管理経営報告書の記述内容で参考になったり、感心・感動したら、誰もがコメントを遠慮なく書き込み、最後にそれぞれ部門・部署に戻します。

「善意の積極性」と学びの連鎖反応、そして「強み」の量産

自分の業務を通じての気づきや学びの記述に対して、社長の一言や多くの人の書き込みがあると嬉しく、次回の自主管理経営報告書に書く「ネタ」を探して業務の中から気づきと学びを得ようと日常業務への積極性が倍増します。

それは業務の改善・工夫に他ならないのですが、本人は「みんなを驚かそう、感心されよう、感謝されよう」と言う善意の積極性から「好き」でやっている行為・行動ですので思い入れが強いです。

上司から、社長から認められたい、良い評価を得たいといった見返りは期待していません。もっと内発・内面から湧き上がる行為なので他者に対しての説得力があります。

読む側も他部署の人たちの記述から多くを学び、その学びを自分の仕事に活かそうとすると共に、自分も他部署の人たちに貢献できる気づきと学びを見つけようと業務に取り組みます。これも動機は善意の積極性であり、経済的な見返りを期待しない純粋な行為です。

こうした善意の積極性の連鎖反応が日常業務を「強み」創造サイクルそのものに変え「微差・僅差」を引き出し「強み」量産の準備が整います。ケタ違いの成長はこんな些細なことからはじまるのです。

また、文章を書くという行為は不思議なもので、普段言葉にしないような事も文字にはできるのです。言葉では角が立ったり、照れくさかったりする、他者、他部署へ真面目な指摘やアイディア提供、協力依頼や感謝の言葉などです。このオープンなやり取りがきっかけで他部署にも仲間ができたり工程間、部署間の連携方法が改善されて生産性が向上したと言う事例は多いです。

社長との文書対話、他部署の多くの人の書き込みを通じて自分の気づきや学びが他者の役に立ち、会社にも貢献し、それを認められ感謝もされることは、この会社、この社長のみから得られる無形の報酬でもあります。こうした無形の報酬が溢れていれば、仕事と会社と社長を「好き」にならずにはいられませんし、こんな会社はどこにもないと確信していくのです。

社員は、そう確信できた会社を退職し、外へと他社へと理想や夢を求めに行ったりはしません。

ここ以上に自分の存在を認められ、自分を磨くことが出来きて居心地の良い所はないのですから、求人誌も転職エージェントや友人の会社のはなしに興味はないのです。「青い鳥」の童話の意味がはじめて分かるのです。

繰り返しますが、日常業務の時間が仕事時間の中で一番長い時間です。それはひいては人生で一番長い時間という事になります。その時間が学びと気づきの時間であって、遣り甲斐のある楽しい時間になれば「強み」創造サイクルの回転は止まることはありません。成長は持続され、気が付いたら別次元、ケタ違い領域になっています。

対立的なワークとライフはバランスを意識せずとも自然に両立し、社長から、やらされなくても言われなくても生産性を追及します。仕事であっても好きな事をしている時間と変わらない時間は、集中し時間を忘れている時間なのでやらされ感とか義務感、無気力、ダラダラ感の余地はありません。自主管理経営報告書はそれを可能にするコミュニケーションプラットフォームなのです。

次のページに掲載したのは、実際に運用されている自主管理経営報告書（H中華料理A中華料理チェーンでは自主管理経営診断書）です。この中には、1つの部署・拠点・店舗の財務の結果数値と、その会社独自の財務結果に繋がる原因・プロセス数値によって、過去・現在の経営状態と未来の経営状態が表現されています。その数値を社員がどう受け止め、対応し、どう良くしていこうとしているかが文章や図、データでイキイキと描かれています。勿論、日常業務における「微差・僅差」はつぶさに拾い上げられています。数字と文字と図表ありながら、声が聞こえ、熱が伝わってきます。とめどもなく発生する「難問・難題」は歓迎され、過酷な試行錯誤が達成感と自信、そして「強み」へと変換されていく過程も手に取るようです。

社長も役員も他部署の人も、自己管理経営報告書を楽しみにして毎回良く読み真剣に応えています。様々な情報が共有された一つの部署・拠点・店舗はもはや点ではありません。結ばれた線であり、面となって一体化し、3つの「好き」も「辞めたくない会社」も実現されています。

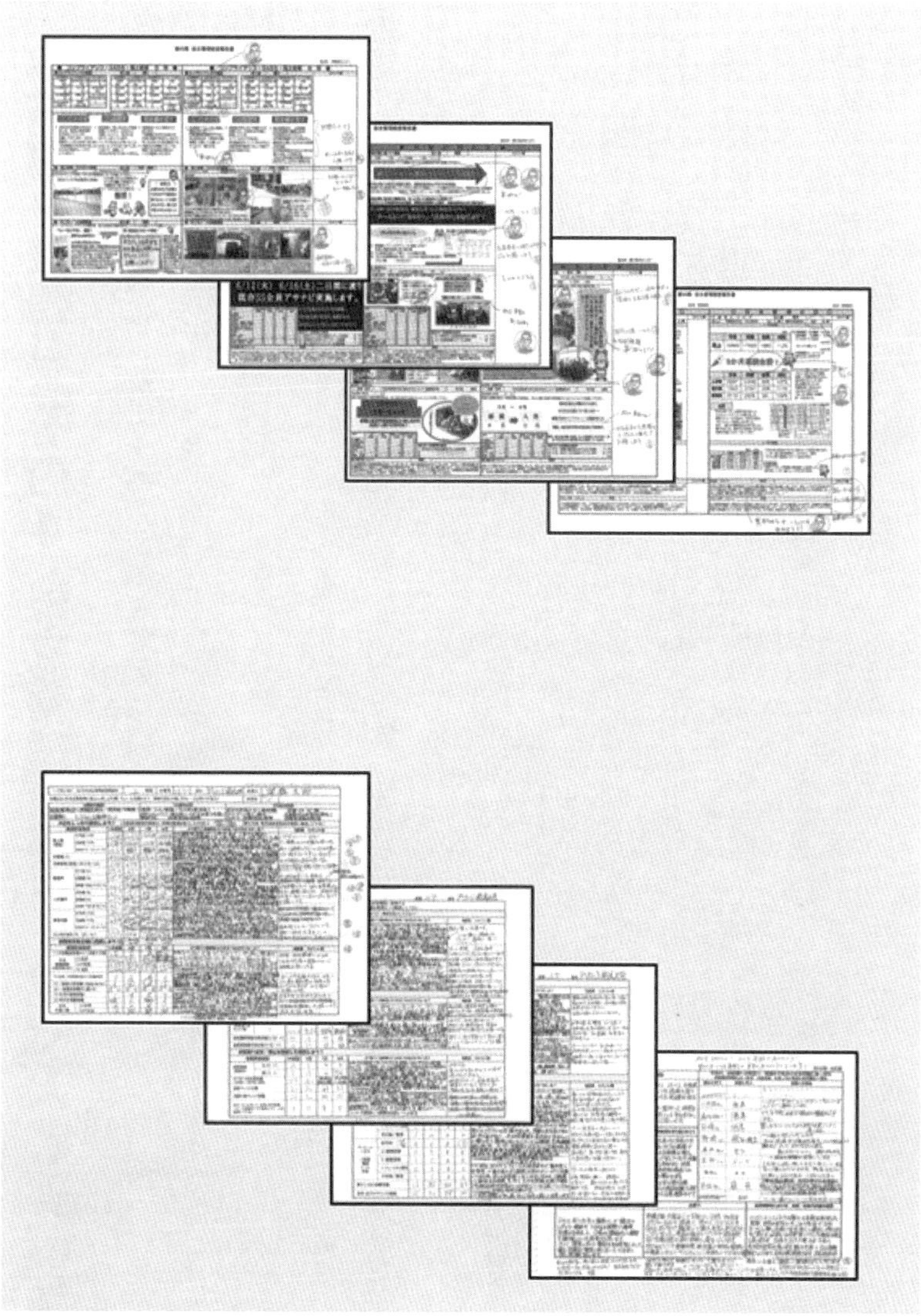

H中華料理チェーン　自主管理経営診断書
A物流会社 自主管理経営報告書

―後編― 仕組み その4 自主管理経営式・稼ぐ人事評価制度

賞与・昇給の金額によるモチベーション効果は短命

私は上場企業で7年間、小規模のコンサルティングファームで26年間サラリーマンを経験した後、創業して8期目を迎えます。

コンサルティングファームに勤務した26年間の内、20年間は役員であり、所謂ＮＯ２でもありました。小規模な会社とは言えＮＯ２の役割を任され、自分ではすっかり経営者になったつもりでいました。

しかし、実際に起業して社員を雇うようになると経営者のつもり（意識）と経営者とではずいぶん感じが違います。特に、賞与や給与への想いと重みが全く違うのです。

上場企業の時はベースアップと賞与の大枠は春闘で決まり、個人の金額は複雑で理解が困難な人事評価制度の評価・考課によって決まりました。

どんな評価結果だったかを本人に説明するフィードバック面接は年に3回行われました。会議室に呼ばれて、課長と二人で15分くらい話をしましたが雑談と苦言をいただいたことしか覚えていません。

転職した先は、当時社員数10数名の小さな会社だったので人事評価制度はなく、賞与も昇給もいわゆる社長の「勘覚（かんかく）」で金額が決まり、面接もなく給与明細を見て金額確認するだけでした。はじめての賞与明細を渡された時、上司から「社長に会ったらお礼を言いなさい」と言われ、なぜ社長にお礼を言うのか意味が分からず「なんでですか」と疑問を投げかけていました。

やがて取締役に昇進し、給与も年俸制に変わり、業績貢献度に応じて順調過ぎるほど昇給してもらいました。しかし、転職後間もない頃は少額の昇給でさえ嬉しかったのに、慣れは恐ろしいものでだんだん高額な昇給でさえ感動もせず、会社の業績に貢献したのだから当たり前くらいに思っていました。

給与や休日をいくら増やしても、それは「不満の減少」であって決して「満足の増加」にはならないと行動科学の書籍で読んだことがありましたがその通りでした。どんなに貰っても増えても、半年も経たない内に当たり前になって「もっと、もっと」に変わってしまいます。それは私だけではなく部下や同僚も同じでした。

一方社長になったら賞与も昇給も頭を悩ませる一大事です。総額としてどれだけ支払えるか、お金の使い途としてこれでいいのか、会社の将来のための投資を優先すべきか、それとも不満が出ないように賞与を優先するか、個人ごとの差も心配になり何日も頭を悩ませます。

こんな想いをしても現在は電子明細なのであっけないものです。紙の明細書を渡すでもなく、昭和時代のように現金封筒を渡すわけでもないので特別なはずの支給日がいつも通りに過ぎていく感じです。社長になって初めて、賞与のお礼が言えなかったサラリーマン時代の傲慢な自分を反省しました。

お金に付加価値をつける

いずれにしても賞与・給与の額については、支払う側と貰う側の気持ちのギャップは埋まらないものだと割り切った方が良いのです。

賞与や昇給の総額ならまだしも、個々人の給与の額まで社長が頭を悩ましても自身の自己満足くらいの意味しかなく、仕組み（制度）で決まるようにした方が良いのです。

もし不満がでたら改善の対象は社長ではなく仕組み（制度）です。大手企業でも春闘で社員と社長が対立しますが直接的で個人的な対立ではありません。しかし、中小企業は会社と社長が一体なので、直接不満を態度にあらわにしたり、個別の交渉になったりもします。「辞められると困る」と社長が他言禁止を条件に妥協すると「少しゴネたら、社長が上げてくれた」と、ここだけの話が社内に拡がります。

それを放置すると「ゴネ得体質」という組織風土に変わり、これを払拭するのはそれこそ何年がかりの大ごとです。制度を作れば社長と社員がプロジェクターに投影された「人事評価制度」に向かって、同じ方を向いて意見交換すれば良いのです。制度説明の中で売上・利益がどう賞与・昇給に関わるかを根気よく説明すれば分かってもらえます。どこまで数値をオープンにするかは別途検討を要しますが、財務・税務会計ではなく管理会計として適度な範囲で良いのです。
社長室での一対一の向い合いは「辞める、辞めない」の話に直結してしまいますし、「ここだけの話」は確実に漏れますので避けたいものです。

たとえ「勘覚」であっても社長の頭の中には「こうして欲しい、こういう考え方や行動をする社員を評価したい」や「こんな成果を出したら給料をいくらでも出してあげたい」という物差しがあるはずです。漠然としたものであってもいざ社員から求められれば説明できるはずです。しかし、それは社長の頭の中を浮遊していて明確には定まっていません。一方社員の方も同じような状態です。こんなに頑張って、これだけの成果を出しているのだから社長は認めてくれるはずだと、頭の中で期待を膨らませます。しかし、お互い浮遊した状態のまま、双方で期待を裏切り合っているのです。それは互いの不満・不信へと発展していきます。社長の頭にあるものを基準や制度として形あるものにすればどこに社員とズレがあるのか、どこを調整すればいいのか、双方納得・合意へと前進するのです。

労働人口が明らかに減少し加速している時代ですので、人財の確保と育成が顧客の獲得競争同様に戦略的課題になっています。しかも給与の高低以外の見えにくい、真似し難い戦いです。

人事評価制度は人財の確保と育成の最重要な差別化戦略といえます。

ここで先ほど触れた「不満の減少」と「満足の増加」という行動科学の話をさせていただきます。行動科学も経営に役立つ理論の一領域で、ここで説明するのはさらにその中の「動機づけ・衛生理論」というものです。

社員の会社への気持ちや仕事へのやる気の影響要因をひとくくりにせず、次のように2つの領域に分けているのが特徴的です。

■あればある程、多いほど「不満を減少」させはするが「満足の増加」にはならない要因

■あると「満足の増加」にはなるが無くても「不満の増加」にはならない要因

の2つです。給与や休日などの雇用条件及び福利厚生は「不満の減少」要因です。そして、評価されたり、褒められたり、表彰されたり、重要な仕事を任されたりすることが「満足の増加」要因です。

人事評価制度は仕組みの中に「不満の減少」と「満足の増加」の両面を組み込むことで、給与という経済的価値に、よく頑張ったな、成長したなという「褒める」「認める」を添

えて付加価値を付けることが出来るのです。それは「お金」に経済的価値とは別な意味・意義を持たせ、受け取る側の心を充たします。人は感情の生き物だと言います。評価する側の視点ばかりで考えずに評価される側がどう感じ、その後どうするかを想像し評価・処遇することが大事なのです。

またこの理論は困難な仕事を任せることも「報酬」だとし、難しく大変な仕事を重荷のように「申し訳ないね」と任せるのではなく、褒美として任せることを肯定しているのです。

社長は経営理論で頭でっかちになっても、本に書いてあることをそのまま鵜呑みにしてはいけませんが、経営理論を道具箱の工具のように考え適度に活用してはどうでしょう。ネジを回すのに素手よりドライバーの方が少しの力で事足ります。経営理論も経営の工具だと思って使えばよいのです。動機づけ・衛生理論を知ることで「人」の問題・課題への解決策・強化策が拡がります。また、知らないままと知った上での事では重要な局面で大きな違いが出ることもあります。

自主管理経営は必要で有効な経営戦略論・行動科学・組織論なども取り入れながら、人事評価制度の意義・目的として次のことに重きを置きます。

■制度で賞与・昇給原資を**稼ぐ**、**無い袖は振らない**
■この**会社でしか「本当のこと」にならない**ワクワク未来を創る
■人事評価制度で、社長は**社員の人生に大きなお節介**をする
■評価項目で埋もれている**人財を発掘**する

これより、一つ一つの考え方とポイントを詳しく説明していきます。

人事評価制度で、賞与・昇給原資を稼ぐ、無い袖は振らない

人事評価制度を構築したからといって、直ちに賞与や昇給に反映させるのではなく、一定期間の調整期間、評価と処遇の適合性を試す期間を設けます。それは、評価項目と業績との連動性を確認しなければならないからです。

どんなに素晴らしい制度設計思想に基づくものであっても、評価項目と企業業績の「原因と結果の法則」が成立しなければ、人事評価制度は崩壊します。

先ほど金額のモチベーション効果、満足効果の持続期間は大変短いと申し上げましたが、だからと言って金額面を軽視はできません。なぜなら、大きな不満要因になるからです。

社内の評価は高く、重要な仕事を任されていても、給与が世間相場よりも低いようであれば、仕事や会社に満足していても、仕事と会社と自分自身にプライドが持てません。

社内での高い評価は「上司と社長に人財としての自分の価値を認めてもらえた」という喜びとなり、これからも「この会社で頑張ろう」という大きな動機づけになります。

しかし、その一方で労働市場での人財としての自分の価値は経済的な価値、すなわち給与の額がその尺度となります。それだけでなく、自分の仕事、自分の会社がどれくらい社

会に認められている存在なのかを給与の額で推し量ります。

金額がどれくらいなら高くどれくらいなら低いかは地域や業種・業界、企業規模で一概には言えません。しかし、はっきり言えることは社員に、自分も自分の会社も社会に存在価値を認めてもらえていると胸が張れる給与水準であることが必要なのです。そして、そのための財源を確保する機能の一端を人事評価制度が担わなくてはならないのです。

ですから、人事評価制度にはお金を稼ぐ機能が必要で、そこに重きを置かない人事評価制度は自社の業績になんら貢献しない評価項目を作ってしまい「無い袖を振ってしまう」状態に陥ります。社長が「何かおかしいぞ」と気づいたとき、人事評価制度もまた「絵に描いた餅」になっていくのです。

人事評価制度も法律的には就業規則の一部ですから、構築し運用すれば労働基準監督署への届出をしているか否かに関わらず会社に実行義務が生じます。今までより低い水準の制度は「不利益変更」にあたる可能性があるので正式な手続きを経なければ運用は否定されます。

いずにしても、業績以上の人件費の発生リスクを仕組みで回避することも、稼ぐ機能と共に重要です。そこで有効なのが自主管理経営報告書と人事評価制度とのリンクです。

自主管理経営報告書には目標数値の達成状況と目標達成に向けての具体的な取り組みが文字と図で描かれています。目標数値は結果数値としての財務数値と、時間差で財務数値に変換される原因・プロセス数値で構成されていますので、両者をウエイト調節した上で人事評価制度に反映させることは「無い袖は振らない」ことに通じます。つまり達成度が低ければ賞与・昇給の抑制に作用して、業績と人件費との調整弁の役割を果たします。

また、自主管理経営報告書は経営計画のＤＯを迫るＣとして、ＰＤＣＡの自動巻きの仕組みでもあるので、人事評価制度の評価対象にすることで人事評価制度もＰＤＣＡの自動巻きの仕組みに組み込むことになるのです。

自主管理経営報告書によるＰＤＣＡの自動巻き効果は社長との対話、社内の善意の連鎖反応という内面・内発への動機づけでしたが、人事評価制度に連動することで外面・外発的な動機づけがさらに加わることになります。つまりは賞与・昇給を抑制する一方で賞与・昇給の財源確保を促進する役割を併せ持つことになるのです。

一部見方として、見返りを求めない内面・内発への動機づけに経済的な見返りである外面・外発的な動機づけが加わると両者は打ち消し合ってしまうという考え方があります。しかし、ここは会社、経済的な報酬がベースとしてあるので善意と報酬が間接的に繋がったからといって効果が相殺されるとは思えません。

また、人事評価制度は個人の給与額を決める仕組みですが、自主管理経営報告書によって所属するチーム・部署・部門業績を個人の人事評価に反映させることにより、チーム成績も自分の成績という考え方を持たせることができます。

それは駅伝のチームモチベーションと同じです。チームとしての総合順位の成績も、区間賞の個人の成績も両方が自分の成績と言う考え方で、自分の努力は自分のためでもあり仲間のためにもなるという連帯意識を育てます。

自分のためだけに走るレースのゴール以上に、たすきを渡した後の姿に実力以上の力を出しきった姿を見ることができます。それは大人も子ども違いなく、善意の積極性です。

「評価の納得性」という面では、社長との文書対話と社内隅々までのコミュニケーションが裏付けになるので、評価根拠・情報として受入れられやすいのです。

この会社でしか「本当のこと」にならない自分の未来

ドラッカーの提唱がきっかけで目標管理の考え方とベーシックな仕組みができて、それを自社なりにカスタマイズしつつ導入する企業が中小企業でも多くなっています。

全社的な目標が設定され、それが部門目標へと降りてくるように方向づけられ、部門目標は部門内でさらに課・チームの具体的な行動目標に細分化されていきます。この様子が上から水が否応がなく落ちてくる滝のようなので、ウォーターフォールプランと表現することもあります。この目標管理を主管するのは経営企画部門（チーム・担当）です。

一方で人事評価制度の中にも個人目標を設定し、その達成度を評価にくわえる仕組みも多くの企業で採用されています。これも目標管理ですが主幹部署は人事部門（チーム・担当）です。主幹部署が異なる二つの目標管理は上手くリンクしていません。

経営計画の目標管理は経営戦略の実行促進・業績目標の達成が目的ですが、一方の人事評価制度の目標管理は人財育成が目的です。

次元の高い所で見れば目的は同じなのですが組織を超えた調整を伴う取り組みは難しいのです。

これは大企業に限った問題ではなく、中小企業であっても主幹する課が違っていたり、グループ・チームが違うとなかなかうまくリンクができないのです。

二つの目標管理をリンクさせようと、個人目標設定に当たって自分が所属する部門目標をベースにして、それに貢献するような目標を立てなさいと上司が指導します。これで人事評価制度の目標管理と経営計画の目標管理が繋がるので良いように思えますが、個人目標と言いながら本人の将来目標や夢や希望は反映されず、個人であっても個人のものではない目標になってしまうのです。

組織の一員としての業務目標を主とした個人目標は設定されるのですが、本音の個人の目標は表に出ないまま、個人の中に存在するという目標の二重構造が出来上がってしまうのです。本人にとってどちらが大事かといえば本音の目標なので、これが本気を外に向ける原因にもなるのです。本音の個人の目標といっても、深耕した経営理念の次元であれば十分にフェアウェイ内なのですが年次の短期部門目標の範疇ではOBになってしまうのです。

自主管理経営のプログラムでは、深耕された経営理念とそれをベースとした経営ビジョンをフェアウェイとした「自社独自のキャリアビジョンマップ」の策定が組み込まれています。それは一般的なキャリアパス、スキルアップ基準などテクニカルスキルだけのものとは目的も目指すところも違います。

テクニカルスキルだけのスキルアップ、キャリアアップであれば、必ずしも今の会社でなくても良いし、様々な経験を積んでスキルを高めたいと思えば転職も肯定されます。しかし、中小企業では人財流出を歓迎することはできません。

「自社独自のキャリアビジョンマップ」は現在担当している職務に直結したスキルアップに留まるものではありません。もっと先の未来と、広い視野での自分自身がワクワクするような将来を自社で描く、羅針盤の役割を果たします。

中小企業の社員は自分の夢や理想、願望、野望を口にする人は稀ですが、ほとんどが考えていないのでも、考えられないのでもなく、考えたことがないだけのことのようなのです。そもそも社長が社員に夢や理想、願望、野望を描くための材料も機会も与えていないのかも知れません。

外に目を向けなくても別の会社に行かなくても、むしろ自社だからこそ、描ける夢や理想、願望、野望を「自社独自のキャリアビジョンマップ」によってリアルに見せ、感じさせるのです。深耕した経営理念にはその材料も機会も満載されているはずです。自社だけにあるワクワクするようなフェアウェイが目の前に拡がったら、辞めたくない自社、３つの「好き」がある唯一の自社になります。

ここで目標管理の話に戻ります。
人事評価制度の個人目標を策定する指針として年次の経営計画だけでなく、「自社独自のキャリアビジョンマップ」も加えるのです。社員に「目先のことばかり見ていないで未来をみよ、夢を描け、大志を抱け」をキャリアビジョンマップと人事評価制度で促し、迫り、未来を描ける人財へと育てるのです。
その為にも個人目標の、最も良い策定工程・進捗管理工程・自己評価工程それぞれの詳細な工程設計が必須です。

ワクワク、メラメラ、ドキドキ、魅力的な夢や未来を表現する言葉は何が一番適切なのか分かりませんが、描いた自分の未来は今勤めているこの会社でしか「本当のことにならない」ワクワク、メラメラ、ドキドキなのだ、ということを「有言実行」を支援する仕組みを添えて、強く認識させることが重要です。

社員に求める「心技体」

自主管理経営のキャリアビジョンマップは社員の発揮すべき能力や成長の道筋を明らかにするという点では、ＩＳＯのスキルマップや一般的な人事制度のキャリアパスに似ているところもありますが幅と深さが違います。ジョブ型給与の役割・職務明細書とも重きを置くところが全く異なります。

武道の世界は「心技体」という言葉を使います。柔道、剣道、空手、相撲、どんな武道でも３つの要素の成長が必要だと言われています。また、武道では、単なる成長とか上達と言わないで上位者には熟練した、熟達したなどの言葉が使われます。

「熟」という文字には知識やスキル、つまり「体と技」だけでは到達することのできない領域があり、そこに行くには「心」の成長が伴わなければならないということです。

中小企業の社員は大企業の社員よりも早く管理職になり、人を使う立場になります。また、やる気と能力がある社員は若くして社長の片腕になって、会社の経営戦略に参画し重要な役割を担います。

自分の会社よりも大きな会社の人たちと折衝する場面が多く、たたき上げの中小企業の社長と直接商談します。名の通った大企業の社員のように優位な立場とブランド力で武装される事もなく、入社数年で会社の看板を背負います。

そこで求められるのがバランスの良い「心技体」です。

一時代前の職能資格制度という人事考課制度では「情意考課」という曖昧な評価項目がありました。「心技体」の「心」に当たるもので、素直さ、向上心、謙虚さなど定性的な表現です。

働き方改革で「ジョブ型給与」が注目され、同一労働同一賃金への対応とが相まって「情意考課」は全面的に否定された感があります。

しかし私は中小企業には「情意考課」の発想は有効だと考えています。個人の内発的動機づけ、満足の増加要因を促進し、自社なりの企業文化を醸成する手立ての一つになるからです。企業文化は競争優位の差別化、「強み」になる無形の経営資産です。

但し、「情意考課」の発想は有効だといっても従来のような職能資格制度をそのまま取り入れたり、パッケージ化された人事評価制度のテンプレートから選ぶやり方は感心できません。安易な考え・方法で定性評価を採用すると、評価が良いのに業績貢献していないという評価と処遇の矛盾を生じさせ、制度自体を破たんさせてしまうからです。

経営理念・経営ビジョンをベースとした「心技体」の「心」であって、言葉だけでなく、練りに練った自社独自の定義づけをしてキャリアビジョンマップに盛り込み、併せて定性評価を定量化する仕組みもセットで導入するのが良いと考えます。

自社独自のキャリアビジョンマップにはもう一つ大きな特徴があります。それは成長・熟達段階、人事評価制度固有の言葉で言えば、職務・役割等級に近いものです。その職務・役割等級の昇格及びそれに密接に関わる昇進という節目・節目に「一皮むける経験」という条件項目を入れ、会社と社長が制度としてそれを支援することです。

人は色々な経験を通じて、学び・気づき成長します。振り返るとあの時の、あのことがきっかけとなって今の自分があるのではと思い当たることがあります。後から思うと必然の出来事のような偶然の出来事で、それが転機となって、それまでの自分から「一皮むけた」と言える経験です。その偶然や転機を社員の個性・特性と、成長・熟達段階に応じて意図して作る、偶然の転機を待つのではなく必然の機会を仕組みで作るのです。

但し、その経験は何でも自由にというわけではなく、経営理念、経営ビジョンの深掘りからテーマや課題を見出すことが条件です。

社員は自社独自のキャリアビジョンマップを羅針盤・テキストにして目標設定しますので、「一皮むける経験」も自ずと未来に目を向けて挑戦的な目標を設定します。

未来に目を向けた挑戦的な目標には現在の自分では多くの不測・不足と未熟があり、不安が伴います。しかしその挑戦には会社と社長の支援が約束されているので腰が引けたりはしません。

さらに、未来を見据えた目標ですのでその達成には時間的な猶予もあるし、毎年のリベンジも有りですが、「取り組みました」だけでは昇給や賞与のプラス評価にはなりません。お金に換算されるのは結果であれ、プロセスであれ、達成した成果だけですから無い袖は振りません。

人事評価制度で、社長は社員の人生に大きなお節介をする

学校を卒業してから65歳の定年により仕事を辞めるまで、仮に一日8時間、年間260日、43年間で計算した場合89440時間、約9万時間を仕事に費やすことになります。やがて来る70歳まで働く時代になれば実に10万時間にもなります。

あたり前な話ですが、人間にとって時間とは紛れもなく「命」です。私たちは仕事に9万時間分、10万時間分の「命」を投入しているのです。自分の「命」をどう使うかは個人の価値観の問題だと言えるのですが、社長は仕事時間の責任者として、社員がその時間をいかに有意義なものにするかを支援し応援する役割を担っていると言えます。

その為に自社独自のキャリアビジョンマップには経営理念の深掘りによる社長の仕事観、人生観、幸福観などが色濃く反映されなくてはなりません。

ここで話題をガラッと変え、唐突ではありますが青臭いことを申し上げます。

私たちが小学生の時に書いた卒業文集を思いだしてみてください。「大きくなったら何になりたいか」をワクワクしながら書きました。スポーツ選手や学校の先生、医者や弁護士、女性は看護師やケーキ屋さんが多かった気がします。今はネット社会なのでユーチュー

バーが凄い人気です。

いずれにしても、それらは「仕事」であることに変わりはなく、少なくとも子どもの頃の夢の対象は、確かに「仕事」だったのです。

その夢が社会に出てから消滅して「仕事」と夢は無関係の存在になったのです。しかし、社長が会社の将来への夢や展望・野望の物語その一つ一つを「本当の事」としていけば、社長を中心とした輪の中にいる自分も、自分次第で何かが叶うと思えてくるのです。想っても考えても、願っても現実とは程遠いものが「夢」だとあきらめたままで人生を終わらせたくはありません。人を喜ばせることやお世話になった人への恩返し、誰かに元気と笑顔を与えられるのは、スポーツ選手の特権ではなく、私たちも今の仕事を通じてできるのだと社長が教え、叶えさせてあげるのです。

たとえ、後付けのような夢とか目標であっても、仕事と会社に「夢」を持った社員はすごいです。困難な事にも逃げないし、簡単には諦めません。そして2、3段飛び越えたような成長を見せてくれます。中小企業の社員は大企業の社員ほどに全力を絞られてはいないので余力も伸びしろも案外あるのです。

私は自主管理経営の支援を通じて、驚くくらい成長した社員を大勢見て来ました。自分が新卒で入社した上場企業では見た事のない、平凡な人たちの一皮むけた姿です。一皮むけた社員はむける前よりも、恐らく3倍は稼ぐようになります。

自社独自のキャリアビジョンマップの中に成長する自分の物語が見えた時、社員は確実に自分から、自然に仕事と会社と社長を「好き」になっていきます。

ライフとワークに深く関わることは「お節介」だと社員に言われようとも、社長は職場で仕事を通じて、社員の人生に影響を及ぼすべきなのです。「お節介」な社長は嫌われるかも知れません。それは確かに心配ですが、社長には「嫌われる勇気」も必要なのです。

学校を卒業し、社会人として親元を離れ、独立した後は、社員に大きな「お節介」ができるのは社長しかいないし、本人が聞きたくもない耳の痛い話ができるのも先生でも親でもなく、社長なのです。家では家族の言う事に一切耳を貸さない頑固な職人肌の技術者に「もっと成長しろ、学び直せ」と言えるのも世界でたった一人、社長だけなのです。

自主管理経営の人事評価制度は、社長が社員に「組織―システム思考」で大きな「お節介」する仕組みなのです。

人事評価制度に潜ませる、人財発掘と最強の企業文化創りの「種」撒き

人事評価の点数という数値を賞与・昇給という経済的価値、すなわちお金に変換する仕組み、決まりを処遇制度と言います。

評価をお金に変換するプロセスの中で、評価項目のウエイト掛けという手法があります。それは評価項目ごとに重みを変えるということで評価点数が同じであっても金額に変換する時の率を変えることです。

現在の業績への貢献度は低いけれど、未来の備えになるような取り組みや、コミュニケーションやリーダーシップ、オーナーシップに通ずる評価項目を設定して、ウエイトは低くする、すなわち給与額への影響は少なくします。そうすることで管理職ではない段階、若手の内から管理職に望まれる好ましい人間性を育む、或いは潜在的に持っている能力を引き出すのです。ウエイトが明らかに低いのに高い評価を得るということはその人が持っている資質であり、損得抜きでできる行為・行動とも言えるのです。

課や部を任せる新たな管理職を選任する時、その人の人事評価の項目ごとの推移を確認することをお勧めします。評価項目に潜ませたコミュニケーションやリーダーシップ、オーナーシップに関する項目が対象です。何回となく行われた面接でも低いままで変化が無

かったとすれば、いくら実務能力があったとしてもその人を管理職にするかは要注意です。役割が人を作るとも言いますが、それは潜在的に持っているものが顕在化したのであって、誰もが期待通りになるとは限らないのです。本人が苦手な分野、明らかに向いていない分野なのに管理職にしたら、組織の機能低下、人財の成長を阻む壁になることも多いのです。

どこまでも実務・現場に向いている人財を活かすべきは実務の専門分野なのです。いわゆる窓際の専門職ではなく、本来のスペシャリストへの途としての専門職を設定し、活かすのです。

人事評価制度に種撒きのように潜ませるべきもう一つの評価項目は社長が企業の文化にしたいことです。物流会社A社の安全への徹底ぶりと誠実さはA社の企業文化であり、持続性と汎用性のある「強み」です。この「強み」が発揮され、荷主からの絶大な信頼を得て大躍進を達成しているのですが、その背景に外から見えにくい戦略の一手があるのです。

直ちにではなく、時間を掛けて育てたい良い気質、すがすがしい組織風土、やがて自社の「強み」として会社を支えるようなものを人事評価項目に密かに組み込んで置くのです。

それは年３回の自己評価と面接で意識し振り返り、他者からのフィードバックも受けます。外発・内発両面の動機づけを組み合わせた**刷り込み効果**で本人も気がつかない内に自然な程に当たり前にできる。これが半数以上の社員に染み渡った時、企業の文化であり最強の「強み」になるのです。

人事評価制度NAVI
（パソコン上でアイコンをクリックすると詳細が表示される）
精密部品メーカーK社 人事評価制度導入研修

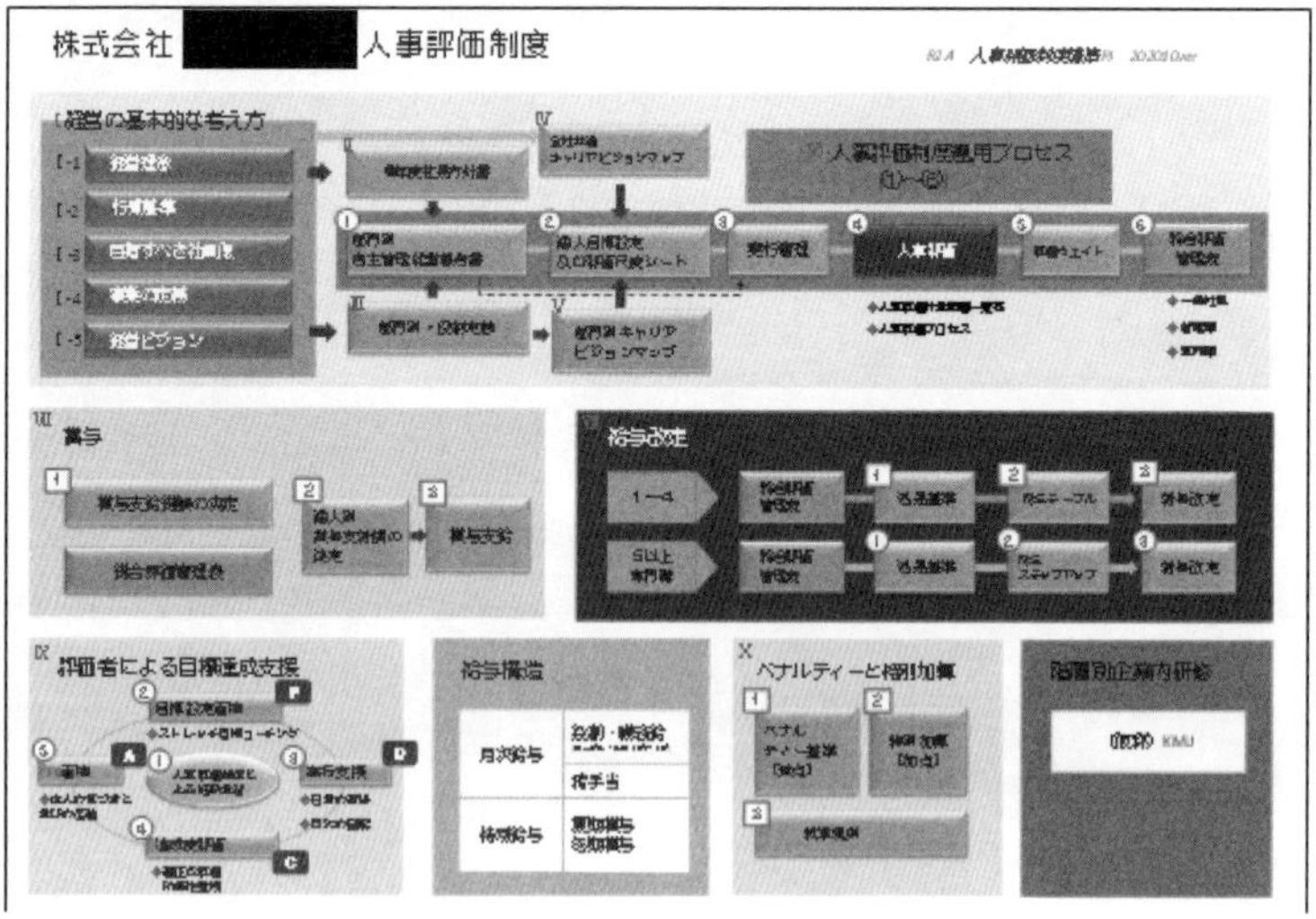

仕組み その5 自主管理経営式・経営スピードと経営トルクを創る

崖っぷちになったら、できることは限られる

大手ハウスメーカーに、ドア全般と建具を納めていた製造業Ｈ社の話です。業界上位のハウスメーカーに引っ張られるように規模を拡大し、何千坪もの敷地にガラス張りの近代的な社屋と工場を建設し、地元紙では「建具業界の革命児」と評されるほどの好調ぶりでした。

しかし、売上高の80％以上を占めていたハウスメーカーの売上が約２年間で半減し、現在Ｈ社は清算され、姿を消しています。

ハウスメーカーはドアのコストダウンを図るために、内製化と発注先の集約化を進め、Ｈ社はライバル会社にコスト面と物流面で劣勢となって売上を大幅に落としました。

ハウスメーカーからは以前より経営方針として内製化を進めることの予告はありましたが、Ｈ社は建具もドアもそう簡単には内製化は進まないと高を括っていましたので、予想に反して順調な内製化の進展にＨ社の社長は慌てました。

崖っぷちに立たされたH社の社長は性急な成果を求めるので、一つの一つの取り組みの進捗度合いが遅く感じて待てません。社員を急がせ叱咤しバタバタするばかり、担当者は精神的に追い詰められるし社内の雰囲気は悪くなる一方でした。

結局、専門分野の違う複数のコンサルタントが関わり金融機関の支援もありましたが、事業の再構築や再生には至らず精算という事になりました。

崖っぷちに立たされた状態を相撲に例えるとすれば「土俵ぎわ」ですから、出せる技は捨て身の「うっちゃり」と自滅覚悟の「はたき」です。

私は子供の頃テレビで相撲を観ていましたが、無敵の横綱や大関が衰えてきて、かど番という崖っぷちに立たされた時「なぜそこで、はたくの！」とテレビに向かって叫ぶほど悔しい場面が多かったと記憶しています。

経営も同じで、土俵ぎわに追い込まれたら時間的に余裕が持てず、焦るばかりで正しい判断ができなくなります。種を撒いたすぐ翌日に収穫しようとするような、温泉を掘り当てるのに10メートル掘って諦めて別な所を掘るような状態に陥ってしまい、手っ取り早い儲けを求めてしまいます。気が付けば社長の周りには中途半端に掘った穴だらけ、という恐ろしい光景が目の前に広がるのです。

ケタ違いの成長軌道には経営トルクが必須

経営にはスピードが大事です。しかし、自主管理経営が重視するスピードは短期的な成果・効果を性急に求めることではありません。

崖っぷちに立たされることがないようにできる限り早く、未来を見据えて未来の経営課題を現在に引き寄せ、先手先手で手をつける事こそが経営スピードだと考えています。

意思決定も行動も早く、悠長なことは言っていられない、そこまで待てないと言って短期的な成果を追い求める中小企業の社長は少なくありません。

そして自らの朝礼暮改を肯定し、社員を振り回し、社長のスピードに誰もついて来れない独走状態、実に孤独な立場に立たされてしまうのです。

こういった経営を指向している企業が、社長の能力だけで差別化された競争力のある商品・製品・ビジネスモデルを手に入れ、一時的に急成長できたとします。しかしその持続力は弱く、競争力に陰りが見え始めた時次がない、出てこないという事態となり、その時始めて社長の事業展開のスピードに社員と組織の成長が伴っていないことが露呈するのです。

考え尽くし考え切った、自社の未来のあるべき姿へ向かう坂道、それが急勾配であっても1ミリ2ミリの歩みを愚直に重ねるうちに気が付いたら別次元、ケタ違いの成長を遂げている。そして、その別次元、ケタ違いに成長した地点を、そこに到達するまでの期間でみると「こんな短期間で、こんなに早く」と言われるほどになっている。この結果としてのスピードこそが自主管理経営が目指すスピードです。

それには急勾配であっても、1ミリ2ミリの歩みを愚直に重ねる会社経営のトルクが必須です。自主管理経営ではこの経営トルク指向を特徴としています。ここで**経営トルクを創る3つの方法**を説明します。

経営トルクを創る①　3つの「好き」のひとづくり

再三申し上げていることで恐縮ですが、会社の経営の仕組み一つ一つの意義・目的の重心を、社員が仕事を「好き」になるか、会社を「好き」になるか、社長を「好き」になるかに置き、考え抜くことです。

念のために申し上げますが、ここで言っている「好き」とは、社員を甘やかす、好き勝手にさせることではありません。むしろ過酷さ、大変ささえ伴うものです。

●誇り・プライドが持てる　●心惹かれるゾクゾク、ワクワク感がある　●自分にとって大きな意味・意義が見つけられる　●自己成長感が感じられる　●自己重要感が持てる　●仲間との競い合い・教え合い・分かち合いがある　●創意工夫の歓びがあるということで、ここまで何度も申し上げている「好き」になる要因を経営の仕組みの中に組み込むことです。３つの「好き」は経営トルクの強力な動力源となります。

社員のことを考え抜いて決めたことには社員を腹落ちさせる力があります。仕組みでも制度でも、どんな取り組みであっても社員を想う社長の気持ちは社員の心を引き寄せます。

競争力のある製品が売れなくなる、売上の大半を占めている顧客の経営が悪化する、今まで利益を生んできたビジネスモデルが通用しなくなる、こんな悪夢のような状況はいくらでも起こり得ることです。

これが現実に起きてから何かを始めるにしても、気持ちは焦るばかりで地に足が付いた経営はできません。しかし、現実に悪夢のような問題に直面した時、頼りになるのは仕事と会社と社長が「好き」な社員の存在です。

言うまでもなく人づくりには時間が掛かります。まして3つの「好き」の社員ですから、尚のことです。こうしたことにも早目早目、先手先手で手を付けることが経営トルクを指向する経営です。

一方、社長がどんなに社員のことを思っても、どんなに大事にしようとも「うちの社員は少しも返してくれない、感謝の気持ちなど微塵もない」と思える経験をされた社長は少なくないと思います。私にも経験があります。しかし、人づくりも企業の成長を阻む「難問・難題」の一つです。歓迎して積極思考で試行錯誤し、微差・僅差を重ねて「強み」に変えることです。

いずれは社長が求める形、期待する通りのことではない、予想外の「恩返し」や「大事に育てて良かった」と報われる時が必ず訪れます。それは忘れた頃、5年先か10年先かも知れません。

人づくりも企業文化同様に目に見えにくく、作るのに時間がかかるのです。だからこそ他社には真似ができない、持続性のある競争力になるのです。

経営トルクを創る② 仕組みを止めない、止まらない仕組みづくり

経営トルクを創る2つ目の方法は、会社の重要な別々の仕組みの一つ一つを、歯車が噛み合うように関連づけ、連動させる事です。理解していただきやすいように自主管理経営の仕組みで具体策を例示します。

■具体策ⅰ 経営理念、経営ビジョンと人事評価制度の自社独自のキャリアビジョンマップを関連づけ、会社の経営ビジョンと社員のワクワク未来を調和させる。

■具体策ⅱ 年次の経営計画のＰＤＣＡのサイクルと人事評価制度のＰＤＣＡサイクルを自主管理経営報告書を媒体として同期させる。

■具体策ⅲ 人事評価制度の自社独自のキャリアビジョンマップの一項目である「一皮むける経験」に配置転換、ジョブローテーションを組み込むこと

■具体策ⅳ 人事評価制度の昇進・昇格と企業内大学のカリキュラムを連動させる。また「強み」創造マニュアルを企業内大学の教材として使用する。（経営トルクを創る③企業内大学）

以上4つの具体策で仕組みと仕組みの噛み合わせ方を説明しましたが、ところで自社の

中に短期的な成果を期待して導入したり、外部との取引でどうしても必要になって導入した仕組みで形骸化したものはないでしょうか。

それを直ちに無用な仕組み、形だけ残せばよい仕組みと考えずに、自主管理経営の中に組み込み、他の仕組みと噛み合わせることで期待した以上の効果を発揮するかも知れません。

いずれにしても、仕組みどうしを上手く噛み合わせれば、一方の仕組みが他の仕組みを引き立たせる仕掛けになったり、その逆もあり得ます。さらに点としての一つの仕組みが、他の仕組みと繋がって線になり、線が繋がって面となり相乗効果を発揮することも期待できます。

経営トルクを創る③　最終学歴は、企業内大学ってどういうこと？

経営トルクを創る3つ目の方法は、企業内大学、すなわち会社の中に大学を創ることです。

企業内大学と言えば、マクドナルドのハンバーガー大学とか、ディズニーランドユニバーシティが有名ですので大企業が作るものと思われています。

しかし、中小企業でも設立・運営は可能ですし、大企業よりもむしろ中小企業の方が教育効果や社員の定着効果などメリットは大きく、経営トルクを醸成する効果も得られます。

その理由は次の通りです。

■自社の仕事内容に合わせた教育なので社内講師のノウハウ伝授になる。

・テキストは社内の「強み」創造マニュアル、講義でなくても熟練技術者の現場動画で良い。ベテラン社員の背中を映像として残すことで現場の「魂」も記録される。（無形の知的資産の有形化）

■上司と部下よりも良い人間関係ができる。

・先生と生徒、師匠と弟子のような新たな人間関係が築ける。年の離れた「同期」もできる。

■経営計画や人事評価制度などの運用も教育カリキュラムにして浸透させる

・社長の方針説明、自己目標作成、自己評価、フィードバック面接の実施にあわせて、それらの理解を深める為の事前研修を企業内大学のカリキュラムに組み込む。

■配置転換・ジョブ・ローテイションの下地作りになる

・他部署の仕事や設備を研修という形で経験させておくことができる

■競争心と仲間意識の両立ができる

・機械操作の社内ランクを競い合ったり、時には自分の経験知を教え合ったりできる。

■講師経験が一皮むける経験になる

・教えられる立場から教える立場となった時、今までの自分の全てを振り返り、経験やスキル、ノウハウを棚卸しできる。(キャリアドック効果)

当社の支援で企業内大学を設立した会社の規模は様々で、社員数がパートも含めて10人程度から社員数がパート・アルバイトを含めると一万人を超える会社もあります。企業内大学では大げさすぎるという事で大学という名称を付けずに◯◯カレッジと言ったり□□塾と言ったりしています。

企業内大学の設立効果で最も顕著なのは、社員の**定着率の向上**です。成長と定着は定着が先そして成長が後という考え方がありますが、成長する仕組みと成長したロールモデルとしての先輩・上司がいるから定着するという考え方の方が手を付けやすいのです。
第3章でご紹介した物流会社A社では企業内大学に入学した社員の定着率は実に98%を超えていて、また、新卒会社説明会での応募者の関心も大変高かったと聞いています。

外部研修ではカリキュラム内容が自社の仕事とかけ離れている、場所と費用面でのハードルが高いなどの理由でトータルコストを考えると、行かせるメリットが感じられないという話をよく耳にします。しかし、そうなると現場管理職によるＯＪＴに頼らざるを得ないのですが、前に触れたようにプレイングマネージャーには負担が大き過ぎ、結果として放置状態か個々の管理職の意欲次第になってしまいます。

企業内大学の学長は社長、講師は管理職、若手リーダーやベテラン社員です。
講師になった社員からは自分が教える立場になったことで、今まで気がつかなかったことに気づいた、気づきが深まった。人を育てながら内省し自らの学び直しの機会になったという声が多く、プレイングマネージャーに充実したＯＪＴを望むより遥かに効率的です。

ワークスペースラーニングという言葉があります。職場は仕事を通じて様々なことを学ぶ「場」という意味です。頑張って何かを学び、仲間と刺激し合い成長するという意味では、既に会社は学校以上に学校なのかもしれません。

教え、教えられるという人間関係は、管理し管理される人間関係より、深く、強く、「好き」に近いですから、企業内大学は大変エコな経営の仕組みなのです。企業内大学を卒業した社員は「私の最終学歴は、当社の企業内大学です」と胸を張ってくれます。

自社にとって優秀な社員、欲しい人財を集め、定着させ、成長させる、このどれ一つを取っても難しい時代がきています。高額な給料や賞与では限界があります。

それ以外の方法で、違う魅力造りが必要なのです。だからこそ、会社であって学校、上司であって師匠・先生、先輩であって講師、仕事であって勉強、勉強であって仕事、別々でなく一つ、同じ時間、同じ場所。お金を稼いで自分も立派な人になる。立派な人になって家族を幸せにする、子どもに誇れる親になる。会社は最後の自己実現の場になるのです。会社、職場に色々な意味・意義を持たせて「辞めたくない会社」にする大きな柱が企業内大学なのです。

第6章

先送りしてでも、超えたい壁を超える

「もしも」が現実になったら

「もしも」の話をします。「もしも」と言っても現実離れした絵空事の話ではなく、現在表れている兆候や変化を手がかりに普通に考え付く範囲の「もしも」です。

「もしも」はそれだけで終わらずに「もしも」が現実となったら「〜になるかも知れない」が続きます。「もしも」は仮説であり、それに続く「〜になるかも知れない」は予測であり想像です。

これに「原因と結果の法則」を当てはめると「もしも」が未来の原因でその後に続く〜が未来結果に当たります。

「もしも」の所に社員の仕事意識・姿勢と、今後の中小企業経営の「人」の課題に影響を及ぼすであろう3つの言葉を当てはめてみます。

それは**■働き方改革　■リモートワーク（テレワーク）　■パワハラ**　の3つです。

それに続く「〜になるかも知れない」の所には私の拙い予測・想像を入れてみます。

■もしも、仕事と会社を「嫌い」にする働き方改革が進められていったなら

社員の労働時間、働いている時間、具体的には工場でモノを作っている時間、ＣＡＤで機械設計している時間、お客様と商談している時間。さらには、トラックで荷物を運んでいる時間、介護施設で利用者さんの体を洗っている時間が、そこで働く社員にとって辛く、我慢している時間であるならば、働き方改革で短縮した方が良い時間です。

しかし、楽しくて、興味深くて、時間を忘れて集中できて、誰かから感謝される時間であるならば、短縮を強制されたら「余計なおせっかい」だと言いたくなります。

実力が認められ、設計部門の主任に抜擢された、若手エンジニアが次のように言っていました。「私は仕事が面白くて、仲間と仕事の話で盛り上がる時間は尚のこと楽しいから『労働時間』という何かを強いられた感じがする言葉がしっくりこないのです。」と首をかしげます。さらに次のような話にもなりました。

「テレビ、新聞、雑誌で、労働時間の短縮とかワークライフバランスだとか盛んに言われると、仕事が好きだと言っている自分の方が変なのかなと思えてくるのです」と不安げでした。その後で「私は仕事が面白いだけでワーカーホリックではない」と強く否定しました。

ここからは、彼の話を要約します。

●大事な仕事だし気持ちが乗っている時に一気に進めたいと思って、上司に休日出勤の申請を出したら「働き方改革だから休出禁止」と却下されてがっかりした。時には時間をはって身体をはってでもやらなければならない時もある。それを禁止されたら家で休んでいても気になって気になって、返ってストレスを感じる。

●大企業のように、製品の仕様・納期・コストの決定権があって、派遣とか期間社員を雇ったり雇い止めしたりを自由にできれば、無理な残業や休日出勤をしなくて済む。しかし、仕様も納期も価格も一方的に提示され、時には担当者の都合や保身のために無理を強いられ「我慢しなくていいよ無理ならそう言って、よそに頼むから」と言われてしまうので働き方改革との板挟みになる。こんな悩みを持つ、仕事が面白くて「好き」な社員が中小企業に結構いるのではないでしょうか。

ところで、社員の為の働き方改革の一環として中小企業でも実施された、次のことは果たして良いことだったのでしょうか。

◎作業時間捻出の為に廃止されたチームミーティング

◎一流企業を真似して導入された「30分会議」や「立ち会議」

◎上司からのコメントが楽しみだった「日報の振り返り欄」の削除

◎ベストセラーを参考にして実施した、高速PDCAや多頻度一対一面談

もしも、働き方改革がこのままの形で進められて行ったら、仕事がつまらなくなって本当に仕事時間が辛く、忍耐の時間になってしまいます。

生産性向上だといって常に早く短くとせきたてられて仕事をしたら、労働時間は短くなっても、時間当たりの心身の負担感が大きくなっていきます。大企業のようにメンタルに支障をきたす社員が中小企業にも多勢出てきてしまいます。

勤怠管理のシステムで会社にいる時間も労働時間になると言って「仕事が終わったらさっさと帰れ」と毎日言われたら会社や職場への愛着がなくなってしまいます。

同僚が「緊張する」といって出かけて行った大事なプレゼン。帰りを待って、コーヒー飲みながら受注の喜び、武勇伝を分かち合うのは何とも楽しい時間です。これを会社でダメというなら、居酒屋に行くしかありません。しかし、企業情報なので勝ち取った受注の話も大きな声でワイワイ・ガヤガヤできません。

生産性向上の手段・手法はたくさんありますが、そもそも、仕事がつまらなくて、辛いものになったところで、それを素直に受け入れ、前向きに取り組めるのでしょうか。それで本当に生産性が上がるのでしょうか。

過剰な情報に振り回されずに自社のあり方、社長の考え方を軸にしてブレナイで欲しいです。

■もしも、職場の愛着を無くす、テレワークがもっと拡大していったなら

必要最低限のことが伝わればよい、会社で上司や同僚と直接顔を合わせなくても仕事はできる、成果や結果を出せば良いということでしょうか。

スポーツも趣味も大勢の仲間と一緒にやるほうが楽しくて夢中になれるのに、「労働」は、楽しむものでも夢中になるものでもないのでしょうか。

子育て世代のリモートワークは負担軽減になるので賛成ですし、社員の自由意志を尊重するなら話は別ですが、経費削減の絶好の機会だからと言ってオフィスをなくしていったら社員はどこに凱旋すれば良いのでしょうか。社員にとっての職場の存在価値が減っていく、仲間意識が希薄になっていく、そうなってしまうことが心配でなりません。

社員への仕事の遣り甲斐の提供や、部下、同僚、上司との関わりの中での成長の「場」としての、職場の役割がどんどん薄れていってしまいます。

リモートによる上司・部下・同僚とのコミュニケーションの「質」の低下や、ちょっとした言葉のニュアンス違いで大きな誤解が生じたり、伝えたいことが伝わり難くなったことで「人間関係のぎくしゃく」も増えています。家では書斎もなく小さい子供もいる。集中できないからカフェや時間貸しオフィスに早朝から通う。これでは行き場所が変わった

だけで「テレワーク」と言えるのでしょうか。

愛着と言う言葉は欧米にはあるのでしょうか。自分が使っていた机と椅子、自分の大事な場所として何年もそこで色々な経験をしてきた。出社が辛い休日明けの月曜日も「おはよう」と声を掛け合い、自分の席に座ると心のスイッチが自然に入った。仕事で失敗しても周りのみんなから、うっとうしいほど声をかけられ立ち直れた。

会社そして職場には包容力があって、部署が変わるときには離れ難い愛着があった。その良き感触がどんどん無くなってしまいます。


大手カード会社に勤務する友人と、自動車メーカー系商社に勤務する友人の話です。二人の職種は異なりますが、現在はテレワーク主体で仕事をしています。元のオフィスは無くなって本社に統合されたそうです。

さぞかし自由な時間が増えたのかと思っていましたがそうではないようです。１日に数回の定時連絡があり居場所が確認されます。信用されていないような、監視されているような感じを受けると言っていました。また、上司や同僚との報連相のコミュニケーションは結構難しく、ストレスを感じ、一人は円形脱毛症になってしまいました。

人は「やる気が出る、出ない」とよく口にします。私の新卒時代の直属上司Ｍ課長は、仕事はずば抜けてできるのですが大変な気分屋でした。

他部署との電話のやり取りでも、たびたび感情的になって大きな声でまくし立てて、相手が話しているのに一方的に電話を切っていました。そして、しばらくは「気分を害された、やる気が無くなった」と言って、自分の気持ちが回復するまでにコーヒー一杯、たばこ二本を要していました。

そして気が晴れると売店でチョコレートを買ってきて「嫌な思いをさせたね」といってみんなに配っていました。

人は「やる気」と言う厄介なものに影響を受け、いつやって来るか分からない「やる気」が出るのを待ったりもします。そんな時に「同僚の声掛け」は有難いし「上司の一喝」は効果的でした。

そういった「仲間」と言える人たちからの、直接的な刺激がない場所で「やる気」を出し、顧客との難しいやり取りやクレームの対応で傷んだ自分の感情を自ら癒し、コントロールできる人がどれほどいるのでしょうか。中小企業には社長の顔を見ると癒され、勇気づけられる社員も多いと思います。

■もしも、「パワハラ」への過剰反応で、熱い上司が絶滅したら

部下の事を自分の身内のように心から心配し、どこへ行っても通用する人財に育てたいと思えば、声も大きくなるし、話もしつこくなるのは当たり前です。

また、一方で「同じことを何度も何度も注意した」にも関わらず、こりもせずに繰り返す部下のほうには落ち度はないのでしょうか。

しかし、大企業の極端な事例がニュースで取り上げられ、評論家のコメントを聞いたり、苦情を受け付けるお役所などの盛んなＰＲを目にすると、あれもこれもパワハラに思えてきます。

怖くて部下と距離を置くようになったという管理職は大勢いますが、これでＯＪＴは成り立つのでしょうか。

中小企業のたたき上げの工場長や営業部長は、上司の背中を見て技術やノウハウを盗んで力をつけてきた人たちですから、それを言葉で教えるのは大変苦手です。

大企業にはバブル崩壊、リーマンショック時の大リストラや転職先のあっせんをセットにした早期退職優遇制度の導入でそういうタイプの人たちは姿を消しましたが、中小企業にはまだまだ大勢います。

その人たちは、自分が経験した方法でしか教えたり指導するしかできないのでついつい声が大きくなり、褒めるより叱咤激励の叱咤ばかりになってしまいます。

その態度や言葉の奥底には部下を想う気持ちが溢れているのに強い言葉・威圧的に見える態度だけが問題になり、どうしていいか分からない状態です。部下の方にも教えられ方に問題があるのに「正しい教えられ方」の研修はなく、管理職を対象にした「パワハラの研修」ばかりが盛んに行われています。

叱る、怒るには大変なエネルギーが必要です。強い関心と深い愛情があってこそできることなのです。しかし、そこは取り上げられず、情の厚い不器用な上司が悪者扱いされるのであれば、その人たちの熟練の匠の技や独自なノウハウ、泥臭い人脈づくり営業の極意などの「中小企業の無形資産」の伝承ができなくなってしまいます。

中小企業では管理職への教え方・育て方の研修と同じくらい、若手社員への教えてもらい方、育てられ方も教育すべきと考えます。

悪いことは思い通りになり、良いことは思い通りにならない

次に「もしも」を自社に当てはめてみましょう。自分の会社に影響を及ぼすいろいろな事柄や要因、兆候、トレンドなどを手かがりに「もしも」の仮説をたてて、そうなったら自社はどんな影響を受けて～になるかもしれないと予測し、想像します。

良いことも悪いことも、自社の経営にインパクトがありそうなことを思いつくままに書き出します。

頭で考えただけでは、考えやアイディアが頭の中の思考空間を浮遊した状態なので掴みどころがありません。ところが文字や文章にすると一旦は形になって固定されるので、さらに考えを深めやすくなります。

脅かすつもりはありませんが、経営的なことに限って言えば「悪いこと」はかなりの確率で当たりますが「良いこと」はなかなか思う通りには行きません。

まずは「もしも」の仮説とそれに基づく予測と想像を考え尽くし、その次に起こりうることに備える、回避する、強化することが一番重要なことです。

しかし、なぜ悪いことは思った通りになって良いことはそうはいかないのでしょうか。

悪いことは悪い結果に繋がる、あるいはそれを引き起こす最大の原因・要因が自社・自

分にあるからで、言い方を変えれば悪い結果を引き起こす「決め手を手中にしている」からです。

例えば、日本のメーカーも含めて、世界中のカーメーカーがことごとく、数年後には電気自動車しか作らないと宣言したとします。（既に現実ですが）

このカーメーカーの宣言を受けて、エンジン部品製造業の社長がもしも、次のような意思決定をしたらどうなるでしょう。

■電気自動車の部品は軽くて小さく高い精度が求められるので当社の技術力では無理。だから特に何もせず、これまで通りガソリンエンジンの部品だけを製造する。

このもしもが仮説であり、未来の原因です。

■事業内容をこのままで何も変えなければ、恐らく売り上げは激減し現在の社員数は維持できず、リストラしなければならなくなるかも知れない。これが容易に想像でき、高確率で起こり得る未来の結果です。何も変えないという原因は自社次第ですら、高確率の未来は予想通り、思い通りになるということです。

一方、良いことは思い通りにいかないというのは、今の事例を裏返しにするだけで簡単に説明できます。

「先送りして」高い壁を低くする

前提は同じ、世界中のカーメーカーが電気自動車しか作らなくなる、のですが、次の仮説が大きく変わります。

「当社の切削加工技術を活かして、品質の良い極小・軽量部品を作れば」と言う仮説・未来原因に対して「多くのカーメーカーに採用されて売り上げが10倍になるかもしれない」というのが予測・想像・未来結果です。

仮に当社が品質の良い極小・軽量部品が作れるようになるという原因を作っても採用するかどうかはカーメーカーである相手の判断ですから、10倍の売上高という結果を得られるかどうかは分かりません。だからといって「何もしない」を選択したら未来の良い結果の確率はゼロです。

思い通りになるかどうかの「絶対」はありませんが、高品質の極小軽量部品が作れるように切削技術を徹底して強化・進化するという「未来の原因」創りに向けて、今から社員と一緒にワクワクしながら取り組むほうが楽しいし夢があります。やはり人は楽しく夢のあることに集まります。

夢とかワクワクは社員の心のエネルギーとなり、積極さや粘り強さを引き出します。そうすれば良いことが思い通りになる確率はどんどん高くなっていきます。

残念な事に「なぜ、こんなやり方を変えずに経営を悪化させたのですか」と強く詰め寄りたくなる中小企業の社長の相談を受けたことがあります。

「分かっていたんですけどね」と社長が答え「分かっていてなぜ、何もしなかったのですか」と私が返し「なんででしょうかね」と他人事のように社長が答えて会話が止まります。

分かっていても、何もしなければ分かっていないのと同じですし、何もしなければ悪化した会社経営は回復も改善もしません。自然治癒はないのです。

目の前に突如現れたような想定外の大きな問題・課題であれば解決するのは大変です。いきなり土俵際ですから、出せる技は捨て身の技しかありません。しかし、2年後3年後、或いは5年後に起こりうる大問題であれば、手立てを考え、万全の準備をして、実行に移すだけの十分な時間があるのですから、たいした問題ではなくなります。

見上げるような高くて厚い壁も3年掛かり5年かけてと「先送り」すれば、現在から見ればまだまだ先の話で飛び越えられない壁ではなくなります。「先送り」の良いところは、諦めたくなるような高い壁に挑む気持ちにさせてくれることです。

今から無理だと諦めたり、妥協したりせず、**先送りしてでも、超えるべき未来の課題を超える**ことです。到達してもそこが行きたいところでなかったら、それまでの努力はかえって報われないのです。ここに行けたらこんな状態になれるなら、どんな苦労もいとわないという覚悟できる場所へ遠回りしても妥協しないで目指すのです。

大事なことは、「もしも」と仮説を立てて、～になって、～になるかも知れないと、起こり得る「未来の問題・課題」をハッキリさせ、現在の事として、直ちにそれに向けてのはじめの一歩を踏み出すことです。

仮説をたてて予測し想像することは、占いとは違って、兆候、前兆、潮見、傾向などに基づく科学的な行為です。自社に関わる兆候・前兆・潮見・傾向は社長という立場の人なら必ず感じ取って見つけられるものです。社長の経営的な「勘」の精度は驚くほど高いです。

次のような言葉で自らに問いかけ、目を凝らし、耳を澄ましてみてください。思考の空間を拡げ、時間軸も飛び越えてください。
■もしも、今のままで事業内容を変えなかったなら
■もしも、新規顧客開拓や新商品開発ができなかったなら
■もしも、社内の技術継承、世代交代が出来なかったなら
■もしも、人が採れず、定着せず、成長もしなかったなら

良い事を中心に仮説を立てて、予測し想像することも良いです。
●もしも、社内のコミュニケーションが良くなったなら
●もしも、社員の意識・モチベーションが高くなったなら
●もしも、組織のまとまりと連携が良くなったなら
●もしも、やる気ある若手社員が大勢集まってくれたなら
どうですか、未来の問題・課題を見出す切り口になりましたか。

社長の経営的な「勘」を発揮して見出した未来の問題・課題はどんな「難問・難題」だったでしょうか。しかし、仕事と会社と社長が「好き」な社員ならそれを乗り越え「強み」へと変えていってくれるのではないでしょうか。

仕事と会社と社長が「好き」をお金に換算する

仕事と会社と社長が「好き」は目に見えにくく、金額換算しにくい定性的な概念です。アンケート調査で大好きが5点、普通が3点、嫌いが1点、4は5と3の間、2は1と3の間のようにして、定量化できますが、それが本心・本音かどうか分かりませんし、お金にも換算できません。

同じく、定性的な概念の「健康」についてはどうでしょう、勿論対象範囲は心と体です。病気や怪我は医療費や休業による収入減で経済的損失は算定できます。

しかし、会社を休むまではないけれど、集中できない、やる気が出ない、気分が乗らないといったことの経済的な損失はどうなのかが気にかかるところです。

ＷＨＯの研究によると「出勤はしているものの体調が優れず、生産性が低下している状態」での経済的な損失は、医療費や病気休業にかかる費用の3倍にあたるという実証データが報告されています。

東京大学政策ビジョン研究センターでも同様の研究がされていて、通常の社員に比べて、やる気が出ないなどの症状も含めた、心身の健康に不安がある人の労働生産性の損失コストは3倍だと報告されています。過去に例を見ない画期的な報告が、いずれもマイナス面にフォーカスした損失金額を計算したものです。プラス面を金額換算した資料やデータはどこにも見当たりません。恐らくマイナス面の方が測定しやすいのだと思います。

残念な事に私が主張する仕事と会社と社長が「好き」はお金になるということを実証するアカデミックなデータはないのです。しかし、自主管理経営を導入して、社員が仕事と会社と社長が「好き」になった会社の業績がケタ違いに伸びたのは事実です。勿論その成果の全てが自主管理経営の効果でないことも承知しておりますが、本書で定性要因の定量化・数値を何度となく強調させていただいているので、何とか「好き」の効果を定量化・金額換算しなければなりません。

好き効果率5%向上の試算

もしも、社員がもっと仕事と会社と社長が「好き」になったら、社員個々人、そして組織に変化が起こり、生産性が見込めるだろうという仮説で金額換算しましたのでご参照ください。これは計算式を用いますので横書きの方が読みやすいと判断し横書き4ページにまとめました。

仮説数値は他社の参考値ですので、自社への置き換えは社長のご判断にお任せするしかありません。

仕事と会社と社長が「好き」の経済効果は、すなわち自主管理経営の導入効果です。手前みそではありますが、自主管理経営を導入した比較的事業規模の大きな会社では、社長から「億単位の経済効果」だとの評価を受けています。また、この効果は持続性があるので最初に導入した会社では17年以上もケタ違いの成長軌道は持続しています。

会社経営は結果・成果・効果は数字で把握でき、金額換算できるものを優先します。設備投資であれば経済性計算の方法が確立されていて、税効果も含めて何年で回収できるかが計算できます。確立された論理的な方法で、具体的な金額が算出されるので意思決定の根拠として理解しやすいです。しかし計算のベースは設備メーカーから提供されたデータや比較的入手可能な統計データ、或いは過去の自社の趨勢値です。定量的ではあるにしても都合の良い仮説数値、希望的なストーリーかも知れません。

仕事と会社と社長が「好き」は、外に向けて競争力の強化・圧倒的な差別優位性の創造であり、内に向けては社員（外部人財を含む）を引きつけ、決して手放さないための磁力の強化です。

定量化は容易ではありませんが、自社の構造や仕組みの中から適切な評価指標を見出して、効果金額を試算していただきたいと思います。中小企業の社長の鋭い「経営者としての勘」は過去のデータより精度が高いです。

■仕事と会社と社長が「好き」効果の仮説

もし、仕事と会社と社長をもっと「好き」になったら、仕事に対して、自分が「好き」なことと同じように、恐らく

■もっと良くなる方法、もっと早くできるやり方を常に意識する
■上司や社長のアドバイスを素直に聞き入れて、メモして、すぐに試す
■いろいろな数値・データに関心を持ち、自分の成果にこだわりを持つ
■事前準備を万全にして、効率的な手順を工夫し、効果確認を怠らない
■自分の工夫や努力の成果を惜しげもなく皆に教える
■外に向けた本気のエネルギーを今の仕事に傾けてくれる
■転職のためではなく。会社目標達成に必要な資格取得や自己啓発をしてくれる

はずです。たとすれば、すぐにではなく、徐々に、持続的に少なくとも

『生産性が５％向上するのは可能』

（５％の根拠は自主管理経営導入企業の製造業数社の参考値です）

■労働生産性試算

労働生産性＝付加価値 (粗利益額) ÷総労働時間
付加価値 (粗利益額) ＝売上高－**売上原価**とします。

《製造業Ａ社》
月間付加価値額 1200 万を 15 人の社員の総労働時間 2970 時間で稼いだとしますと、1200 万円÷時間＝**一時間当たり付加価値は 4,040 円**

改善効果による付加価値額が５％向上、同時に労働時間も５％削減
（1200 万× 1.05）÷（2,970 × 0.95）＝**一時間当たり付加価値は 4,465 円**
一時間当たりの付加価値額が 425 円増加します。

これを単純に年間換算すると
（2,970 × 0.95）h × 12 月× 425 ＝ 14,389,650 円
年間で 1,400 万円以上も付加価値が増加します。
売上原価を結果数値とした場合の原因・プロセス数値の例
・工程間不良率　・設備機械の稼働率　・設備機械の停止時間の種類別時間
・出荷検査不良数（率）・精度確認測定時間　・手直し投入時間　・外注加工数
・製品一個当たりの消耗品費　・製品一個当たりの動力費　など

■営業プロセス試算

売上高の営業プロセスの算式とします。

顧客リストに基づいて❶アポを取って　❷訪問・意思決定者に面談　❸課題・宿題をいただき、後日見積書を提出　❹受注契約

１件当たり２万円の受注額とします。

《産業廃棄物Ｂ社》

営業担当３名（平均的な一日の受注額）

顧客リスト連絡数 100 件×アポ取得率 5％×意思決定者面談率 80％×見積提出率 80％×受注率 50％× 20,000 円×３名＝**96,000 円**

上記の各プロセスに 5％の「好き」効果を掛ける。それぞれのプロセスには営業担当者の異なる得意分野があり、率に差が出ます。そのノウハウをお互いに出し合い、研究したとします。

顧客リスト連絡数　100 件×アポ取得率 5.25％×意思決定者面談率 84％×見積提出率 84％×受注率 52.5％× 20,000 円× 3 名＝ **116,689 円**

一日当たり 116,689-96,000 ＝ 20,689 円を単純に月換算・年換算すると

一カ月 455,158 円　一年間 5,461,896 円の増収です。

■退職者試算

社員の定着率が向上した場合の試算をします。

《介護事業者C社》

従来は年間15人採用し、一年後には12人が辞めてしまうという状態、定着率20%想定します。

●一人当たりの採用コスト20万

●教育コスト(上司・先輩が指導に費やした人件費)30万円

●半人前の期間3カ月の人件費60万円×50%をロスとして計算すると、

20万＋30万＋30万＝80万となります。それに退社人数12人を掛けると損失額は960万円です。

定着率への「好き」効果は大変高いことが導入各社で実証済みですので定着率を50%に向上したとすると損失額は480万円の費用削減となります。このケースだけは5%向上に数値は使いません)

ケタ違いの成長へ、挑戦の真っ最中の中小企業

これまでの各章では、自主管理経営を導入してから数年、十数年経過しケタ違いに成長した事例を紹介してきましたが、最後に自主管理経営の導入を開始したばかりの中小企業を紹介します。全く「強み」がないわけではありませんが発展途上の脱平凡、ケタ違いの成長軌道を目指す中小企業です。

世界シェアNO・1企業との取引拡大をめざすKM社の野望

地方都市で精密部品を製造するK社は１９８０年創業、社員数80名です。二代目のK社長は学校を卒業後R＆Dの中堅企業に就職しましたが一年ほどで先代社長に呼び戻されKM社に入社しました。

丁度その頃から切削加工の主力がNCに変わりつつある時期だったのですが、K社長は迷わず業務の主軸をNCへと舵を切って行ったのです。

K社長は、「仕事を選んでいる余裕は無かった」ので、他社が受けないような難易度の高い、お客様の「困った」案件を「利益云々」ではなく引き受け、懸命に対応しました。

また、取引したいと思う会社には、自ら直接電話をして訪問し「困り事」を引き受け、

それをきっかけにして新規の取引先を増やしてきたそうです。

その結果、当社を単なる下請けではなく、対等な位置づけで長くお付き合いできる優良企業との取引が増えたと言います。

K社長は筋金入りのスポーツマンでロードバイクのヒルクライム、山の中を走るトレイルラン、フルマラソン、オリンピックディスタンスのトライアスロンをされています。そして、素人の範疇を超えた記録を出し続け、距離も過酷さも上へ上へと向かっていて、最終的には鉄人レースまで視野に入っているようです。

社長の経営姿勢は、まさにきつい坂道を登り続けるヒルクライムであり、種類の異なる課題が連続するトライアスロンそのものなのです。

何事においても挑戦的で、社員に対しては、「出来るかできないかではなく、まずはやってみよう」、「すったもんだしながらも、出来るまでやるのがうちの強みだ」と妥協はしません。自分の時は教えてくれる人がいなかったけれど、自分でやって自分で覚えたことは絶対に忘れない。自ら経験する試行錯誤の中に、たくさんの発見があり発見の数だけ成長できるというのが社長の信念です。

果敢な挑戦での失敗には大変寛容で決して社員を責めず、器の大きさは計り知れません。

自主管理経営の導入目的の明確化

私が、Ｋ社長にお会いしたのはＩＳＯの審査・構築コンサルティングの会社からの紹介でした。仕事と会社と社長が「好き」になる仕組みづくり、自主管理経営の構築の概要を説明させていただいたところ、Ｋ社長の「面白そうですね」の一言で支援開始が決定しました。早速、自主管理経営の導入に際して、何を目的としどこに重点を置くかを話し合い、次の事項を共有しました。

●試作・開発の機能を強化する
優良顧客との取引開始も、その後の良好で継続的な関係構築も、顧客からの難問対応で信頼してもらえた。この対応力をさらに高め、技術的な相談がお客様からも、協力会社からもさらには同業他社からも集まってくる会社にしたい。社員もその方が仕事にプライドが持てる。

●既存の仕組みを浸透させる
ＩＳＯやエコアクション２１を導入したが、社内に浸透しているとは言えない。ここで自主管理経営と言う別な仕組みを追加するというのではなく、それらとリンクさせ関連付けながらより活かし、浸透させるようにする。

●若手人財がより集まり、定着する会社にする

当社は振興工業団地の中にあり、周りには大手企業も多いし、これからも大手がどんどん進出してくるので人材確保という面で影響を受けるかもしれない。

しかし、大手企業の仕事は細分化された仕事が主なのに対し、当社は幅広く任せるから遣り甲斐や仕事をしている実感が違う。そこを前面に出すとともに育てる仕組みを整備して成長する機会が多いことも当社の特徴としたい。人は成長できる所に集まるものだ。

●管理職教育の一環

当社の管理職は部長も課長も担当の設備を持っている稼ぎ頭、人育ても経営も学ぶ余裕はなかった。今まではそれで良かったが社員数が50名を超えてくるとそうはいかない。個人の技量もさることながらグループ、部署といった組織単位での取り組みが求められる。

人材育成も本人任せではなく、計画的に世代交代も考慮しながら取り組まなければならない。今まで以上にマネジメントを意識させるためにも、自主管理経営の仕組みを自社を

題材とした管理職教育の「場」とする。

現在、自主管理経営の仕組み構築は完了し徹底運用の段階に入り、取り組みはグループリーダークラスの参加・巻き込み段階へと進んでいます。また、同時に若手管理職が中心となって企業内大学のカリキュラム編成も具体化しています。

社員数は当初の50数名がいつの間にか80名を超え、開発専門部署の設置が前倒しで進められています。また、ＥＶ部品にターゲットを定め、ＩＳＯ以上厳しいＩＡＴＦ認証取得も開始しました。

ケタ違いの成長で、年商100億リフォーム会社構想

Mリフォームは正社員2名パート3名のリフォーム会社です。23年前に歴史ある地方都市で一戸建て新築住宅作りのエージェントという独自な事業で創業しました。

家を作るには、設計士、工務店、司法書士、金融機関、税理士など多くの専門家がかかわりますが、施主はそういった分野には素人です。それぞれの専門家は自分たちの関わる分野を専門用語で説明します。その人なりにかみ砕いてはくれても、それがどういう事に繋がるのか、自分たちにどう経済的な影響を及ぼすのか理解しにくいのです。

図面を見ても書類を見ても実際の現場を見ても、それが正しいのか不正はないのか、極端な言い方をすれば「騙されてはいないか、手抜きされていないか」が不安になるのです。強引で詐欺まがいの営業、設計偽装などがテレビを賑わし、一生で一番高額な買い物に不安でならない人は多いのです。そういった人たちの側に立ち、住まいに関する横断的な知識と経験を駆使し図面から現場のチェック、交渉ごとの代理迄するサービスはどこにも無かったのです。

住まいへの想いや完成までの話し合いの記録と、主要な工程は現場写真に残し、完成時にはきちんとしたファイルにしてお渡ししました。お客様には大変喜ばれましたが依頼件数は伸びずに厳しい経営状態が続きました。

数年たった後に思い切って、活動拠点を大都市圏に移し、新築からリフォームに事業を転換しました。詳細な話はできませんが営業エリアを独自の基準で小さく定め、連絡をいただくと自転車で駆けつけ、分かり易く丁寧にご説明してしっかりした職人を手配し確実な工事を完了させます。

一般的なリフォーム会社や修理会社と比べれば、正に誠実・丁寧のＶＩＰ対応です。ただ、リフォームは工事の大小にかかわらず手間がかかり、知識と想像力が必要です。その価値を理解して下さる方にはどんな小さな工事でもＶＩＰ対応を徹底します。その想いもあってＭリフォームは対象エリアを自転車で15分圏内にこだわります。

エージェント業時代のノウハウは新築よりも難しく手間のかかるリフォームに発揮され、その評判が口コミとなってエリア内に伝わり、現在では依頼が絶えず、場合によってはお断りするか、かなりの期間お待ちいただく状態が続いています。社長は「自分が描いていたニーズがここにあった」と思ったそうです。

社長は次のように話します。

「建築業界の工事案件をピラミッドに表すとすると頂点が公共工事のような超大型案件、そして徐々に規模が小さくなり、数万から数十万のリフォームが底辺に当たる。もちろん全ての業者がそうとは言えないがこの底辺の小さな案件を粗末に、不誠実に扱う業者は少なくない。しかし、たとえ古い家であっても大都市圏で一戸建ての家に住まわれている人は富裕層が多く、会社では高い地位にいた人たちです。その人たちにとって水道の蛇口、コンセント一つの交換のような小さな工事であっても不遜な対応は我慢ならないのです。そう言ったお客様で尚且つ『価値を理解してくださる方』にはどんな工事でも必ずＶＩＰ対応です」と胸を張ります。

さらに社長は以前厳しい思いをした経験から「もし、飲食業だったら客単価一万円は大変なこと、でもうちはほんの小さな工事でもそれ以上の金額がいただけるからありがたいとつくづく思う」とも言っていました。

そんなことを考えながらの忙しい毎日、ようやく見えてきた独自のビジネスのあり方をどう形にし、拡大しようかと思っていた矢先に私のセミナー案内を目にし参加されたそうです。

社長の構想を整理すると次の通りです。

❶売上高8億のビジネスユニットを確立する
一つのエリアの単位基準を作り、そのエリアの中に一つのビジネス単位（基幹店とサテライト店と施工体制）を一つの経営体として8億の売上を上げる。

そのビジネスユニットのマーケティング戦略、施工管理、労務管理と人財確保と育成に至る迄の経営ノウハウを整理し一貫性を持たせる。
❷10個以上作って１００億にする
その仕組みを実践しながら完成度を高めて、そのユニットを数年で5つ作り、さらに５つの拠点の効率の良い連携の仕組みを構築し、拠点数を10か所にして１００億に手が届くようにする。

大都市圏には8億のビジネスユニットが、少なく見積もっても30以上は十分にある。
❸そのためのノウハウを自主管理経営の仕組みに乗せる
新築住宅のエージェントのノウハウをリフォームに変換しながら、形式や内容もバラバラな基準書、手順書、各種のチェックリストを自主管理経営のバリュウプロセス発想で再編成する。

Mリフォームへの１００億達成を目指す自主管理経営の取り組みは始まったばかりですが、会議では社長のユニークな発想が冴えわたり、仕組みの構築過程でノウハウが進化しています。

ケタ違いの成長で社長が手に入れる「社長冥利」

社員が仕事と会社と社長を「好き」になる仕組み、自主管理経営を導入し、ケタ違いの成長を実現している、或いは目指している会社の社長には共通点があります。

それは「企業成長の意義・目的として、社員に色々な経験をさせたい、うちの会社で成長させたい、そして充実した人生を実現させたい」を最優先に置いていることです。

そして皆さん、次のような想いを飾り気のない言葉で話してくれます。

■充実した人生の定義は人それぞれだが、少なくとも当社の社員には人生の中で一番長い時間を費やす、自分の仕事を「好き」になって貰いたい。会社で仲間や上司と一緒になって、大変さも喜びも分かち合って、気づきと学びの濃い「仕事時間」を過ごして欲しい。そして「この会社に入って本当に良かった」と思って貰いたい。

■この会社に入ってなかったら、こんなに仕事が楽しいと思えなかった、こんなに仲間が有難いと思えなかった、こんな自分になれると思わなかったと自分自身の成長に感動して欲しい。

これが「社長冥利」に尽きるというものだ。

社長の言葉から想いの深さと強さがひしひしと伝わってきます。会社の利益よりもこうした「社長冥利」の追求を目的にしてきたから、ケタ違いの成長を成し得たのかも知れません。

ケタ違いに成長した会社の社員に聞いた「大好き」な社長

一方、ケタ違いの成長を経験してきた会社の社員は、社長をどう思っているのでしょう。「好き」な社長の事ですから、さぞかし尊敬し憧れ感謝しているのではと思いきや、決してそのようなことはなく、歯に衣を着せぬ本音の言葉が次から次へと出てきます。

○向かい合うと威圧感があって、緊張して面と向かっては何も言えない、恐い
○こちらの話を聞かずに頭ごなしに怒り出す、何を言っても言い訳するなと耳を貸さない
○頭が良くて、何を言っても言い負ける、どこから、どう切り込まれるかで気が気じゃない
○気短で、勝手で、強引で、人の言う事をなかなか聞かない、間違っていても謝らない
○口うるさくて、おせっかいで、何に付けても口を出す、１つ褒めたら10個けなす

ハッキリ言って、どうにかして欲しいと思うことはたくさんあるし、顔も見たくないと思うことは一度や二度でないのだけれど、この人といると、

■自分では行けそうもないところへ、連れて行ってもらえる気がする
■自分でも驚くような自分になれる気がする
■いろいろな経験・体験をさせてくれる気がする

■自分一人じゃできない、凄いことができる気がする
■自分の未来にワクワクできる、気がする

だから、社長が「好き」だと言う。それだけではありません。
■私たちのことを見ていなそうで、実は良く見ていてくれる
■私たちの話を聞かなそうで、実は聴いていてくれる
■頑張ったら、褒めてくれるし、評価もしてくれる
■なにより、自分たちを大事に思ってくれている

それで尚のこと、社長が「好き」になるというのです。そして最後に、
■今の仕事が「好き」だけど、他の会社に行ったら同じ仕事でも「好き」になれるかどうかはわからない。この会社、この社長と一緒だから、この仕事が「好き」なんだと思う。

社員は口にこそ出さないけれど、そう思ってくれているのです。だから社長が、うちの会社には「強み」がない、キラキラするようなビジョンもない、大きくならなくていい、このままでいい、などと言ってはいられないのです。「うちみたいな会社」は本心でなく

ても禁句なのです。

社員が何のために、社長の会社にいるのかを考え、想像してみてください。楽して、高い給料が欲しくて、頑張りたくないから、そこにいるのではないのです。社長としか行けないところへ、社長としか見ることのできない景色を見るために、ここにいるのです。

現時点から目指すべき状態、あるべき姿を見上げるのではなく、あるべき姿、目指すべき状態に行ってしまって、そこから現時点を見下ろしてみてください。ここまで続く道筋が見えてきます。力強く昇ってくる自分と社員の姿や様子が想像できます。

社長、どんな風景ですか、何が見えますか、何が聞こえますか、何を感じますか、楽しそうじゃないですか、みんな生き生き、伸び伸びしていませんか、会社を経営していて良かったですね、社長!!

それでは、もう一歩先の未来に、早目早目に踏み出しましょう。

あとがき

今は亡き両親から「博樹、お前の名前はノーベル物理学賞を受賞した湯川秀樹博士から『博』と『樹』をもらって付けたんだよ」と子供の時に言われました。

湯川秀樹博士の著書の「目に見えないもの」に次のような一節があります。

「水は凍ったときに初めて手でつかむことができる。それはあたかも人間の思想が心の中にある間は水のように流動してやまず・・・」という文章です。頭で考えている間は、まだ水のようにつかみどころがないが、文字にすれば固まって動きが取れない、水が氷になって手に持てるという意味です。

自分なりの考え・想いは溢れるようにあると錯覚し、実際に書くとなったら、それは水のように流動していて、一回書いて見直しして二回目を書き、見直ししてまた書き直す、そうしている内にやっとまとまり、気づけば数カ月が経っていました。

私の考えや想いが紙の上に印刷され、もはや動きが取れないものになりました、少しほっとしています。湯川秀樹博士は「まことに書物は思想の凍結であり、結晶である」とその一節を締めくくっています。私の思想の凍結であり、結晶が中小企業の社長にどれほど届き、お役に立てるのか、そのことをただただ願うばかりです。

中小企業の社長に向けた経営の書だと言っておきながら、「好き」という言葉を何度も使いました。表現として適切なのかと疑問を感じ、抵抗感もありました。

仕事が「好き」、会社が「好き」、社長が「好き」、このことを別の言葉、もっと形の良いスマートな表現はないかと、何十個も候補を書き出しましたが結局このままの言葉が一番しっくりくるのです。

そして、その意義・意味をお伝えするために自分の「好き」なマラソンや、苦手だけど興味深いゴルフに例えて書かせていただきました。書けば書くほど「好き」というのは何にも勝る不思議な力の源だと再認識しました。

自分の考え、想い、ノウハウを文字に書き起こしている時に感じたことは、私独自のコンサルティングノウハウと言いながら、私一人のものではないということです。

ここのところは、あの社長に教えてもらった、あの手法はあの社長と一緒に考えたと、多くの社長の顔が浮かんで、その方たちとの試行錯誤が形になったと実感するのです。

特にアサヒロジスティクス株式会社の横塚元樹社長には大変多くを学び、気づかせていただきました。「自主管理経営というコンサルティングプログラム」は、横塚社長との共同開発といっても過言ではありません。

私の頭の中から自然に出てくる言葉や発想は、前職で26年間お世話になった株式会社C

WM総合経営研究所の社長（現会長）杉田圭三氏の経営思想と経営哲学が「原点」になっていることも改めて感じました。

このお二人は私の生涯の恩人です。ここで改めて感謝いたします。

また、現場主体の泥臭いコンサルタントの私が本を出版するなど思いもしなかったのですが、私の会社の役員である吉川ゆみさんに励まされ、乗せられ、ゴールにたどり着くことができました。

さらに私の会社の経営幹部である川本真由美さん、樋口圭子さんには、多忙な中で校閲を手伝ってくれました。素晴らしいスタッフに感謝したいと思います。

最後に自主管理経営を導入し、その意義・効果を実証していただき、ケタ違いに成長し、その成長を持続している中小企業の社長と社員さんに、心からのお礼とエールを送らせていただきます。ありがとうございました。そして、益々のご発展を願っています。

株式会社 自主管理経営　代表取締役　羽鳥 博樹

著者／羽鳥博樹（はとりひろき）氏について

「強みのない、平凡な会社」を、ケタ違いの成長軌道に乗せる経営コンサルタント。みずから経営コンサルタントとして地道に指導する傍ら、大きく成長を遂げた大小さまざまな企業の経営者を直接訪問、いかにして企業を成長させたか、その本質的に重要な要件を研究。その結果、はじめから強みを持つ企業などなく、むしろ平凡な会社が小さな差、微差・僅差を「強み」へと進化させ、さらに「強み」の量産を促進し、一時的ではなく、持続する成長力につなげていっていることを発見。これを「自主管理経営法」として体系化し、悩める中小企業経営者に指導を展開、まさに平凡だった会社のケタ違いの成長を次々に実現。

クライアント企業から、「社員がずっと活力を発揮してくれる」、「社内に持続可能なモチベーション・エネルギーが宿った」、「普通の会社だったが、すごい強みを持てるようになった」…など、その独創的なノウハウに、上場企業を含む、全国の中小企業経営者から支持が集まる。株式会社 自主管理経営　代表取締役。

小社 エベレスト出版について

「一冊の本から、世の中を変える」――当社は、鋭く専門性に富んだビジネス書を、世に発信するために設立されました。当社が発行する書籍は、非常に粗削りかもしれません。熟成度や完成度で言えばまだまだ低いかもしれません。しかし、

・リーダー層に対して「強いメッセージ性」があるもの
・著者の独自性、著者自身が生み出した特徴があること
・世の中を良く変える、考えや発想、アイデアがあること

を基本方針として掲げて、そこにこだわった出版を目指します。

　あくまでも、リーダー層、経営者層にとって響く一冊。その一冊から経営が変わるかもしれない一冊。著者とリーダー層の新しい結び付きのきっかけのために、当社は全力で書籍の発行をいたします。

強みのない平凡な会社を、ケタ違いの成長軌道に乗せる経営
定価：本体3、080円（10％税込）
2022年4月21日　初　版　発行
2023年1月21日　三　版　発行
著　者　羽鳥博樹
発行人　神野啓子
発行所　株式会社　エベレスト出版
〒101-0052
東京都千代田区神田小川町1-8-3-3F
TEL　03-5771-8285
FAX　03-6869-9575
http://www.ebpc.jp
発　売　株式会社　星雲社（共同出版社・流通責任出版社）
〒112-0005
東京都文京区水道1-3-30
TEL　03-3868-3275

印　刷　株式会社 精興社　　装　丁　MIKAN-DESIGN
製　本　株式会社 精興社　　本　文　北越紀州製紙

 ISBN 978-4-434-30375-3